本书由江苏高校"青蓝工程"资助出版

比较优势演化视角下 地区产业升级路径研究

刘晓静 著

BIJIAO YOUSHI YANHUA SHIJIAO XIA
DIQU CHANYE SHENGJI
LUJING YANJIU

U0952744

知识产权出版社
全国百佳图书出版单位
—北京—

图书在版编目（CIP）数据

比较优势演化视角下地区产业升级路径研究 / 刘晓静著．—北京：知识产权出版社，2023.5

ISBN 978-7-5130-8726-1

Ⅰ．①比…　Ⅱ．①刘…　Ⅲ．①产业结构升级—研究—东北地区　Ⅳ．① F269.273

中国国家版本馆 CIP 数据核字（2023）第 064783 号

内容提要

本书基于比较优势演化视角，分析了东北地区比较优势演化现状及演化空间变化，对东北地区的优势产业及陷入“比较优势陷阱”的风险问题进行深入研究，以此为基础分析了东北地区产业升级的路径，为其他地区实现产业升级提供借鉴。

本书可供产业经济、经济管理领域的研究者及相关部门工作人员阅读。

责任编辑：高　源　　　　**责任印制**：孙婷婷

比较优势演化视角下地区产业升级路径研究

刘晓静　著

出版发行：	知识产权出版社有限责任公司	**网　　址**：	http：//www.ipph.cn
电　　话：	010-82004826		http：//www.laichushu.com
社　　址：	北京市海淀区气象路 50 号院	**邮　　编**：	100081
责编电话：	010-82000860 转 8701	**责编邮箱**：	laichushu@cnipr.com
发行电话：	010-82000860 转 8101	**发行传真**：	010-82000893
印　　刷：	北京建宏印刷有限公司	**经　　销**：	新华书店、各大网上书店及相关专业书店
开　　本：	720mm × 1000mm　1/16	**印　　张**：	13
版　　次：	2023 年 5 月第 1 版	**印　　次**：	2023 年 5 月第 1 次印刷
字　　数：	210 千字	**定　　价**：	78.00 元

ISBN 978-7-5130-8726-1

序 言

产业升级包括产业结构升级和产业技术升级两大部分，即推进一国的产业结构合理化、高度化的发展和技术由低技术、低附加值状态向高技术、高附加值状态演变的过程。近些年，我国各地区在促进产业结构优化与升级的同时，加快产业结构的重组和产业资源的整合与共享，从而提高产业竞争力，以保证产业的可持续发展。但在具体实施过程中，不可避免地会遇到产业结构不合理、资源配置效益低下等问题。本书作者经过 6 年的深入研究，确定了一条地区产业升级的有效路径。

本书立足比较优势理论、产业升级理论和产品空间理论，放眼产业发展趋势，联系地区产业发展实际，系统、全面地阐述了地区产业升级的方向，提出了切实可行的产业升级路径。

本书基于产品空间理论，从产业升级能力的视角出发，结合 2005—2017 年我国异质性产品空间、区域生产能力组合及区域能力积累方式的动态演化过程，通过分析产业能力与区域比较优势演化的互动效应，研究我国产业升级的区域差异；基于比较优势演化视角，回顾了“十一五”期间和“十二五”期间东北地区比较优势演化情况，通过对东北地区各产业显性比较优势水平（RCA）、各产业的邻近度、产业技术性、产业连通性等指标的测算，构建了全国产业空间，进一步描述了东北地区的优势产业空间演化情况。鉴于东北地区产业比较优势存在一定的锁定现象，本书进一步通过模型构建及图形分析，从比较优势内部的流动性、比较优势外部形态的专业化分工程度变化及比较优势技术含量变化三个方面对东北地区产业升级是否陷入“比较优势陷阱”问题进行全方位论证，进而基于产业空间结构，运用实证分析方法回答了东北地区产业升级是否应遵循比较优势这一问题。

本书根据东北地区各产业所处的四个状态，对强比较优势、弱比较优势、强比较劣势和弱比较劣势产业升级路径分别进行了详细分析，优化了东北地区产业升级的总体路径，提出推动地区产业升级有效的政策建议。

在过去的6年里，作者一方面对产业升级理论进行深入研究，另一方面在实践中积极应用并检验有关理论，先后承担和参与了10余个与产业升级有关的省级课题。在研究过程中，作者积累了丰富的实践经验，进一步发展了有关理论，使本书具有很强的参考性。

2022年5月

目 录

第一章 导 论

第一节 研究背景和意义

一、选题背景

改革开放以来，在充分发挥劳动力和投资优势的基础上，中国经济实现了高速增长，进入经济新常态，产业转型升级成为实现经济增长的必然选择。然而，我国产业升级过程中成本上升、资源约束与产业发展之间的结构性矛盾及区域不平衡、不充分的发展问题仍然突出。对于沿海地区来说，大量外商直接投资的涌入加速了其技术进步和能力积累。在此区域，高附加值、低能耗产业成为重点发展产业，而低附加值、高消耗、高污染的加工制造业，基于比较优势原理迁出沿海地区也就成了政策与市场的选择。但资源环境约束与产业发展之间的结构性矛盾使沿海地区传统的比较优势不断丧失，若新的竞争优势尚未形成，产业升级可能面临空心化和断档的风险。对劳动力成本及土地租金低的中西部地区来说，加工制造业的迁入成为当地经济增长和产业升级的重要引擎，但这些地区也面临着产业可持续发展和比较优势陷阱的问题。因此，各区域如何把握产业升级窗口期，选择何种产业升级路径以促进经济持续增长，不仅是政府的关注点，也是学术界的研究焦点。

近年来，东北地区经济降速明显，主要因为在新一轮经济增长动力改革过程中，缺少能够驱动产业升级转型的内在动力机制，由此导致东北地区具有比较优势的产业出现升级路径依赖问题。由于东北地区自然禀赋和社会环境与其他地区相比具有差异性，解决东北地区面临的问题就要基于东北地区自身比较优势，结合比较优势动态演化过程中的挑战和契机，发掘和创造东北地区产业升级新动力，为东北地区选择合适的产业升级路径。本书综合运用产品空间理论、比较优势理论、产业升级理论，从比较优势演化的视角对东北地区产业升级进行了全面的分析。

产品空间理论从“能力”的角度解释了要素禀赋结构和比较优势演化导致的产业升级区域差异，从“机会”的角度指导区域挖掘潜在优势产业，优化区域产业结构。本书基于产品空间理论，分析我国八大区域要素禀赋结构和比较优势演化特征差异性及区域产业升级能力积累方式差异性，从“能力”的角度解释我国产业升级的区域差异问题，拓展了我国产业升级区域差异的视角，对厘清产业升级的区域差异动因、优化区域产业升级路径、促进区域协调发展具有重要意义。同时，本书着重分析了东北地区比较优势现状及演化空间变化，对东北地区的优势产业及目前陷入“比较优势陷阱”的风险问题进行深入研究，以此为基础回答了东北地区产业升级是否应走比较优势演化路径的问题，并根据不同的产业类别为其选择不同的产业升级路径，也为其他地区实现产业升级提供借鉴。

二、问题的提出

20 世纪 90 年代以前，东北地区自然资源丰富，为工业发展提供了物质基础。同时，东北地区有经验丰富的技术工人，有良好的装备条件，工业基础较好，曾是我国重要的装备制造业基地，集中了一大批重点骨干企业及配套企业，其成套装备产品研发、制造能力居国内领先水平，重型装备产品在国内具有不可替代的地位。从 20 世纪 90 年代开始，东北地区的经济总量开始持续下降，经济地位不断滑落，近年来地区生产总值无论是总量还是增速都处于全国后列。2014 年，辽宁、吉林、黑龙江三省的经济增速分别是 5.8%、6.5%、5.6%，位列全国后五位，不仅低于全国 7.4% 的平均增速，更是滑出了经济合理区间的底线。财政收入方面就更加不容乐观，2014 年吉林财政收入增长 4.9%，黑龙江增长 1.8%，辽宁则下跌了 4.6%，均远低于全国平均水平。长久以来，东北地区的经济增长一直广受关注，其曾经取得过令人瞩目的成就，但在新一轮的产业高端化和产业升级过程中出现了经济增长的滑坡。可以说，东北地区促进经济增长、实现经济增长方式转变，其实质就是进行产业升级。

党中央、国务院对东北地区发展历来高度重视，2003 年作出实施东北地区等老工业基地振兴战略的重大决策，采取一系列支持、帮助、推动东北地区振兴发展的措施。然而，东北地区由于历史、环境等诸多因素，发展远远落后于其他地区。东北地区大量资源向国有企业倾斜，绝大多数国有企业扭亏为盈，但由于技术和效率并没有提升，导致这种状况的出现只是昙花一现。东北地区经济发展始终增长乏力，并未显现新的好转迹象。从传统的比较优势理论来看，工业是东北的比较优势产业，但其比较优势并没有转化为实际的竞争优势。

工业是我国经济的重要组成部分。党的十九大报告指出，建设现代化经济体系，必须把发展经济的着力点放在实体经济上。实体经济是稳定经济发展、改善民生、促进社会和谐的主体力量，实体经济的发展，离不开工业的优化升级。产业升级可以为一个地区的经济发展注入活力，这是东北地区振兴经济的不二选择。

三、研究意义

（一）理论意义

东北地区的经济发展离不开工业发展，而东北地区的工业比较优势较为明显，比较优势对于东北地区经济发展有着重要的意义。产业升级的实质是改变比较优势，使其向更高层次的方向发展。比较优势不同，其未来的演化路径及升级路径也有所差异，并且产业升级路径不一定是线性的、连续的，也有可能出现分岔和断档。本书结合东北地区的经济发展，研究处于经济困境中的东北地区产业升级路径问题，从东北地区产业发展的实际梳理出东北地区未来的产业升级路径，提出了一些创新观点，具有一定的理论意义。

（二）现实意义

尽管国家实施东北振兴战略以来，东北装备制造业取得了令人瞩目的成就，但东北地区在新一轮的产业高端化和产业升级过程中发生了增长倒退，仍存在着规模较小、产业集聚化程度不高、企业间分工合作与配套效率差、生产主要集中于价值链低端环节、整体的自主创新能力较弱、无法形成产业网络体系上的整体竞争优势等问题，特别是相当一部分企业处于“仿制式”“模拟式”的生产模式中。因此，重塑东北地区产业优势，选择恰当的产业升级路径缩小东北地区与高增长地区经济增长的差距，把东北地区建设成为以重大装备为特色的产业基地，以此推动战略性新兴产业的发展，既具有紧迫性，又具有现实意义。

第二节　研究内容和技术路线

一、研究内容

本书基于比较优势演化视角，分析了东北地区比较优势演化现状及演化空间变化，对东北地区的优势产业及陷入“比较优势陷阱”的风险问题进行进一步的研究，以此为基础分析了东北地区产业升级的路径，为其他地区实现产业升级提供借鉴。

本书综合运用比较优势理论、产业升级理论、产品空间理论，采用理论研究、实证研究、比较研究等方法，将理论与实证有机地统一起来。基于上述逻辑，本书分为以下几个部分。

第一章，导论。本章主要对研究背景、研究意义进行简单介绍，同时阐明本书的总体思路，概括说明本书的研究内容和技术路线，并阐述了本书的研究方法和可能的创新点。

第二章，理论与文献综述。本章对产业升级理论、比较优势理论、比较优势演化理论进行了较为全面的梳理，从宏观、中观、微观三个方面评述了国内外学术界对产业升级及相关理论的研究状况，回顾了比较优势演化理论的提出背景，系统阐述了比较优势演化视角的产业升级路径，并对可能产生的“比较优势陷阱”风险及依靠技术创新跨越“比较优势陷阱”的升级路径进行了详细阐述。

第三章，产业升级路径地区差异分析。本章基于产品空间理论，结合2005—2017年我国异质性产品空间、区域生产能力组合及区域能力积累方式的动态演化过程，从产业升级能力的视角分析产业能力与区域比较优势演化的互动效应，研究我国产业升级的区域差异。研究表明，以东部、南部沿海为代表的“领雁型”地区，区域生产能力技术复杂性和多样性功能强，遵循先进技术和开放环境的区域优势进行产业升级，促进生产要素流向高端生产链条或高端生产环节，以此巩固高技术产业竞争优势；黄河中游地区、东北地区、西南及西北等“改革导向型”地区，区域生产能力技术复杂程度低，但多样性功能强，依靠改革促进过时的生产要素退出市场，进而带动固化的地区优势流动起来实现产业升级；“创新导向型”的北部沿海综合经济区依靠创新驱动，提升了区域生产能力的技术复杂程度和多样性，实现了区域产业升级。

第四章，东北地区产业比较优势演化分析。本章基于比较优势演化视角，回顾了“十一五”期间和“十二五”期间东北地区比较优势演化情况，通过对东北地区各产业显性比较优势水平、各产业的邻近度、产业技术性、产业连通性等指标的测算，构建了全国产业空间，进一步描述了东北地区的优势产业空间演化情况。研究表明，全国雁阵式产业转移趋势已形成，但东北地区承接产业转移并不理想；东北地区的优势产业共14个，大多属于低技术－高连通类型；从全国产业空间图看，东北地区的优势产业并没有表现出向属于高技术产业拓展的趋势。

第五章，东北地区产业发展是否陷入“比较优势陷阱”分析。本章通过模型构建及图形分析，从比较优势内部的流动性、比较优势外部形态的专业化分工程度变化及比较优势技术含量变化三个方面对东北地区产业升级是否陷入“比较优势陷阱”问题进行全方位论证。研究表明，东北地区具有强比较优势状态的产业面临陷入“比较优势陷阱”的风险。具体来说，黑龙江省陷入“比较优势陷阱”的风险最大，尤其是强比较优势产业，其次是吉林省，辽宁省风险最小，但辽宁省产业衰退问题比较严重。

第六章，东北地区产业升级是否遵循比较优势分析。鉴于不同产业的比较优势演化不同，并且流动性和固化程度也存在一定的差别，因而其升级路径一直存在遵循比较优势的“渐进式产业升级路径”还是偏离比较优势的“创新式产业升级路径”的争议。本章基于产业空间结构，运用实证法分析了东北地区产业升级是否应遵循比较优势的条件。研究表明，东北地区具有比较优势的产业，其未来的升级路径不能遵循比较优势，只有走依靠技术创新的产业升级路径才能摆脱现有的困境；对于非优势产业而言，由于其产业生产能力的禀赋优势发挥了产业升级的支撑力量和引领力量，比较优势在产业升级过程中发挥了重要的促进作用，因而其升级路径可以遵循比较优势。

第七章，东北地区产业升级路径选择。根据东北地区各产业所处的状态，本章对强比较优势、弱比较优势、强比较劣势和弱比较劣势产业升级路径分别进行了深入分析。研究表明，首先，强比较优势产业如果依靠技术创新实现产业升级，就必须加强研究发展（R&D）人员投入、经费和设备的投入，同时注重创新转化能力的培养和创新制度的建设；其次，针对弱比较优势和弱比较劣势产业，遵循比较优势的产业升级路径是适合的，通过选择最优的跨越路线，实现产业升级；最后，在强比较劣势产业中，根据东北地区的实际情况，对于一些高技术产业，应进行一定的扶植，保护其发展，而对于未来不利于发展的产业，则应适当放弃。

第八章，结论及建议。本章对全书的研究内容进行总结，提出推动地区产业升级有效的政策建议。

二、技术路线

本书技术路线如图 1–1 所示。

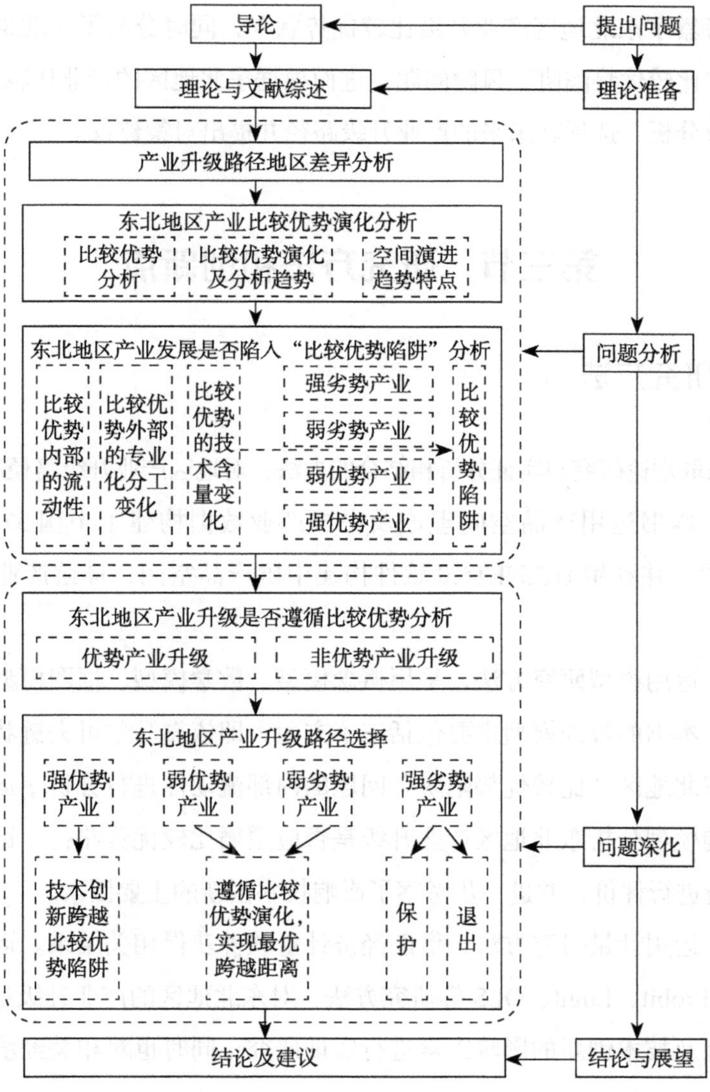

图 1–1　本书技术路线

本书以地区产业升级为研究对象，从比较优势演化视角出发，基于产品空间理论分析我国八大区域要素禀赋结构和比较优势演化特征差异性及区域产业升级能力积累方式差异性，从“能力”的角度解释我国产业升级的区域差异问题；通过对东北地区显性比较优势的测算，分析具体地区产业升级路径该如何选择；考察了东北地区产业升级比较优势状况，同时分析了东北地区产业升级存在的“比较优势陷阱”风险问题，进而根据东北地区的产业比较优势特征，为不同产业分析、选择其未来的产业升级路径并提出对策建议。

第三节　研究方法和创新点

一、研究方法

本书采取理论研究与实证分析相结合的方法，对地区产业升级路径进行研究。

首先，本书运用产品空间理论及中国产业数据构建了中国37个产业的产品空间图，并利用UCINET6.0软件构建中国产品空间，描绘产业间的能力距离。

其次，运用模型研究方法，采用概念模型、数学模型、框图模型解释变量间的关系。本书的数理模型主要包括三个方面，即依靠马尔可夫链状态转移矩阵模型对东北地区“比较优势陷阱”问题的内部流动性进行分析；运用产业升级路径影响模型分析东北地区产业升级是否应遵循比较优势路径；运用熵值法对技术创新进行评价，并进一步考察了影响技术创新的主要因素。

最后，运用计量研究方法，借助经济计量软件获得相关结果。运用动态面板GMM、Probit、Logit、OLS等研究方法，对东北地区的产业升级是否遵循比较优势路径及技术创新的影响因素进行实证研究，同时也对相关经济指标进行分析和评价。

二、创新点

本书的创新之处有以下三点。

第一，区别于现有比较优势与产业升级关系主要集中于资源配置和产业结构关系的研究，本书加入了比较优势的动态特征，并结合比较优势流动性问题，以一个全新的视角研究区域内产业升级问题。

第二，对地区产业是否陷入“比较优势陷阱”的研究。本书从不同类型与不同类别产业的比较优势演化和流动性两个角度展开，既找到了产业的技术锁定趋势，又找到了产业的内部和外部流动性特征，丰富了“比较优势陷阱”的判定依据，体现了较强的规范性研究。

第三，本书研究产业升级路径选择时，结合产品空间理论和内生增长理论，在充分认识产业升级风险和区域经济发展情况的基础上，进行分类别的产业升级路径选择，具有针对性，对其他地区具有借鉴意义。

第二章　理论与文献综述

第一节　产业升级内涵和目标

一、产业升级内涵

产业升级是涵盖多个学科范畴的问题，长期以来备受国内外学者的关注。然而，对产业升级内涵的解释至今存在很多分歧，没有形成统一的界定。由于对产业升级内涵理解的角度不同，导致定义也不同，甚至出现了对其内涵的混乱认识。针对这个问题，我国学者李江涛和孟元博（2008）曾经指出，无论哪种理由，对产业升级内涵的解释都存在一定的缺陷，包括传统的产业升级理论和当前流行的全球价值链升级理论。面对这一困境，重新界定产业升级的内涵其重要性不言而喻。

研究发现，学者们主要通过两个视角对产业升级的内涵进行剖析和理解。一种是从产业结构的视角诠释和理解产业升级的内涵，认为产业结构升级即产业升级，是指国民经济结构中低附加值、低技术产业不断被高附加值、高技术产业所替代，从而使产业结构达到动态优化，进一步实现产业结构合理化的过程。这种对产业升级内涵的理解中虽然包含了克拉克（Clark，1957）、库兹涅茨（1985）等人的观点，但还是有所不同。从产业结构的视角出发，产业结构升级大多是研究国民经济中不同产业之间的比例关系，所以可以把这种关系归类为增长理论的范畴。但从严格意义上来讲，把产业结构升级定义为产业升级是不准确的，会存在一定的误解和混乱。产业结构的升级，通常是指国民经济中三次产业结构的变化，如三次产业的总产值在经济增长过程中形成的比例关系及在国民经济中的主导产业的变化等；产业的升级则多指产业内部的结构升级，如产品的升级，二者存在一定差别。

另一种是通过产业价值链视角研究产业升级。恩斯特（Ernst，1998）是最早从价值链角度考察产业升级的学者，他在研究韩国电子产业时将其引入。随后，格里芬（Gereffi，1999）延续了价值链升级研究视角下产业升级的实证部分。他认为产业升级是处于价值链中的产业借助价值链以获取市场联系，从而提高竞争力带来较高收入的经济活动转移的过程，其延续着代工生产→原始设计生产→自有品牌设计的演化路线。汉弗莱等（Humphrey et al.，2002）借鉴了格里芬（Gereffi，1999）的研究，将产业升级的方式归结为四个类型：工艺流程升级、产品升级、功能升级和链条升级。立足于产业价值链基础上的产业升级，实质是将提高企业的核心竞争力和生产能力看作产业升级的根本。但是基于此的产业升级的内涵确定，对产业升级的方向和归宿并没有描述清楚。此外，该研究思路也没有分析出企业按照价值链思路实施升级与产品升级二者哪种更易实现，换句话说并没有说明哪种模式更适合现有的企业。

从上述的研究结论看，不管哪一种产业升级的界定都存在一定的片面性。因此，我们对产业升级的理解可以从宏观、中观和微观三个层面进行。

第一，在宏观层面，产业升级实质是经济增长方式从劳动密型向资本密集型、知识密集型转变，换句话说，是生产要素由低效率产业向高效率产业转移，是整体产业体系结构向低投入、高产出方向的提升。

第二，在中观层面，产业升级一方面是指产业附加值由低转向高的过程，另一方面是企业发展中产业要素由劳动密集型演变成技术、资金密集型，生产效率由低向高转变，产品附加值和技术含量由低转向高的过程。

第三，在微观层面，产业升级是指通过资源的整合和优化配置，企业不断提升自身的技术，一方面发明新产品，另一方面对市场上现有的产品以更低的成本进行生产，以此生成核心能力，进而在市场竞争中获得更高附加值的过程。

二、产业升级目标

关于产业升级目标的研究在我国存在很多的分歧。学者何德旭、姚战琪（2008）提出了我国产业升级的方向和目标，即将高新技术产业作为带动力，以现代的服务业和制造业作为前行的车轮，以此构建整体结构框架。他确立此目标主要从三个方面考虑：第一，我国虽然进入了以重工业为主导的发展时期，对经济增长的贡献重工业高于其他产业，但是不论是以重工业为主或是以轻工业和服务业为主的经济结构，将经济增长方式由粗放型转变为集约型都是经济结构调整和产业升级的重点。转变经济增长方式，就要增强高技术产业对传统产业的带动能力，凭借技术进步来带动产业结构的升级，这是经济结构调整和优化的主要动力来源。第二，从经济发展进程角度考虑，长期以重工业为主的经济结构会出现多种弊端，如经济增长能力薄弱、居民消费能力较低、内外经济失衡等社会和经济问题。尽管在工业化中期的发达国家重工业比例增长迅速，但它的服务业比重也不断增长，产业结构不断得到优化调整，甚至在工业化前期，发达国家的服务业在产业结构中占主导地位比重较大。目前，我国产业结构突出的问题是部分重工业发展超前和服务业发展滞后，所以我国的工业化发展路径必须将现代制造业和服务业结合起来，反之，经济结构会畸形发展。第三，传统制造业和服务业目前都遇到调整和升级的问题。传统制造业和服务业升级主要依靠技术进步和高新技术，这是增强制造业和服务业竞争优势的重要手段。如果我国的经济结构和产业结构都得到优化和升级，那么只有在传统的制造业和服务业调整和优化基础上，现代的制造业和服务业才会得到充分的发展，这是我国产业提升国际竞争优势的重要路径。

学者林涛（2008）经过深入研究构建了一个产业升级目标体系，其主要立足于企业、产业集群、区域三个层面。在企业层面，企业利用市场竞争的条件发展创新进而使附加值增高是产业升级的目标。在产业集群层面，集群提升整体的效率，通过产业间的合作使正外部性得到发挥，负外部性得到抑制，集群共同面对和解决产业发展中的战略问题和瓶颈问题，进一步创造良好的发展环境是产业升级的目标。在区域层面，产业升级的最终目标就是让区域可持续发展，最终实现区域内民众的福祉，协调民众与经济、环境和社会各方面之间的关系。

第二节　产业升级相关理论

研究产业升级的第一人是英国经济学家威廉·配第，之后其他学者对此展开深入研究，形成了最初的产业升级理论。伴随产业升级的不断深入及分工理论的空前发展，产业升级的研究对象也从产业间的结构转换到产业的内部升级及企业升级，由此构建了多视角多层次理论体系。

一、全球价值链理论

格里芬（Gerrifi，1999）通过对东亚服装产业的一系列研究，提出产业升级通常指企业在提高自身的同时，不断向技术密集型和资本密集型产业转变的过程，进而达到低产品附加值向高附加值转变的目的。他还强调学习对产业升级的推动作用，认为产业升级的主要推动力来自于企业创新。格里芬打破了以往“结构”的思想，从“价值链”的角度对产业升级重新定义，并具体分析了产业从OEA（加工组装）、OEM（委托加工），再到ODM（自主设计与加工），最后到OBM（自主品牌生产）的系统的升级过程，通过嵌入或者攀升全球价值链进而实现产业升级。立足于全球价值链角度的产业升级，关注的是在进入全球性价值链体系中，由价值链的低技术环节转移到高技术环节的过程，进而提升市场竞争能力。在此基础上，汉弗莱等（Humphrey et al.，2000）提出产业升级的四种升级方式，即工艺升级、产品升级、功能升级和价值链间升级。后来，汉弗莱和施密特（Humphrey，Schmitz，2002）在全球价值链升级的基础上，将研究进一步细化，并以企业为研究主体，将产业升级划分为四种类型，指出产业升级的过程包括流程升级、产品升级、功能升级、产业链条升级。

开普林斯基（Kaplinsky，2000）将研究转向发展中国家，认为不能独立研究发展中国家的产业升级，应将其嵌入全球价值链中综合分析。虽然基于价值链的产业升级思路体现了产业的生产能力和竞争力水平，但其并没有揭示产业升级的方向，也没有得出企业的升级是沿价值链进行产业内升级还是跨产业进行产业间升级的结论。之后，开普林斯基等人（Kaplinsky et al.，2003）选用“产品升级指数”对产业升级进行测度，并将“技术创新”与“产业升级”区分开，认为相对于竞争而言产业升级是能够适应市场快速变化的，并且创新会使生产商改进生产技术或者生产新产品。而潘淑贞（2004）认为，产业升级就是产品企业由低附加值劳动密集型生产转换为高附加值资本密集型生产的过程。张辉（2005）将外向型企业的升级嵌入到全球价值链体系中加以论述。之后，刘志彪等（2009）、刘厚俊等（2011）均从产品内分工和跨价值链的视角出发，探讨本国外向型产业升级的道路选择。陈荣耀（2009）在文章中指出，不断提升资本质量并加入全球价值链体系才是后进国家实现产业升级的根本途径和核心环节，进而可通过核心环节搭建自身的竞争力，并使之扩散到其他环节甚至是产业链，最终达到核心能力的链式效应。马云俊（2010）得出产业升级是产品企业在全球价值链中位置不断随着价值提升而上升的过程的结论。张明志等（2011）认为，在全球价值链体系中，实现产业升级有两种方式：一种是不同的产业之间结构的转换和升级，也就是产业间升级；另一种是同一产业内由低加工度、低技术层、低附加值向高加工度、高技术层和高附加值转变，即产业内升级。

虽然基于价值链的产业升级思路体现了产业的生产能力和竞争力水平，但其并没有揭示出产业升级的方向，也没有得出更适合企业发展的是沿价值链进行产业内升级还是跨产业进行产业间升级的结论。

二、内生增长理论

产品是企业背后生产、管理、营销等一系列环节的体现。从产品层面看产业升级，关注的是企业通过生产能力的重新配置以达到产品的升级，即企业在满足预期利润的情况下重新调整现有的生产能力，将部分生产能力配置到新产品中。重新配置生产能力，是企业在更广阔的市场上获得核心竞争力的重要手段，其核心是技术的模仿和研发能力。与之相对，一个区域或国家对现有多样化能力的重新配置和培育，直接决定了产业升级能力的大小。

产品升级与产业升级有着紧密关系，并且存在着内在关联。从某种意义上来说，产业升级是企业、产业、区域和国家等不同层面产品的更替过程。这种更替，既有创新性的全新产品的出现（新增产品种类），也有原有产品的质量与功能的提升（生产工艺的流程升级、产品功能升级和产品质量的升级），产业升级的根本动力来源于产品升级。

自日本学者宇泽弘文（1985）提出内生增长思想用以说明“索洛残差”❶以来，内生增长理论始终基于产品质量的建构视角，使产品建构的增长与产业升级研究不断得到发展。扎德（Judd，1985）利用迪克西特和斯蒂格利茨模型，融合产品多样化思想，研究产品的增加如何通过中间产品增加得以实现，最终使经济得到增长的同时，在中间产品增加的过程中实现产品转型和产业升级。之后，这一思想被罗默（Romer，1990）和卢卡斯（Lucas，1988）不断深化，他们分别提出了知识溢出型增长理论及专业化人力资本模型。采用同一思路，格罗斯曼等人（Grossman et al.，1991）提出产品质量阶梯模型，也就是在增加产品种类和改进产品质量的基础上构建内生增长模型。此模型认为，企业中的研发工作具有连续性，每种产品在每次生产中质量都可以被提高，产品的服务水平也会因这种提高而得到一个离散型的飞跃。该模型同时强调，产品质量的提升不仅发生在独立产品上，也可以发生在不同产品间，初始产品专业化方式的后续作用可以不必考虑。

三、竞争优势理论

著名经济学家迈克尔·波特建立的钻石模型被广泛应用于分析国家特定产

❶ 索洛残差，在经济增长率中扣除劳动力增加与资本增加所引起的增长后的余量，即除劳动力和资本以外的其他因素对经济增长率的贡献度。

业在国际上的竞争力。李嘉图基于劳动分工与专业化理论做了深入研究，提出的比较成本理论认为生产成本之间的相对差异会带来竞争优势；赫克歇尔与俄林提出了资源禀赋理论，认为生产要素禀赋的不同带来一定程度的竞争力差异，可以将提升生产要素投入幅度作为强化竞争优势的主要手段；由克鲁格曼创建的空间经济理论概念，开创性地将规模报酬因素、外部性因素引入竞争优势分析模型中，他把区域竞争优势显现并逐步形成的起始点考虑为历史的偶然，提出产业集聚并逐渐自我强化与回馈效应源于竞争优势的不断强化升级；20 世纪 80 年代，波特创立了国家竞争优势理论，他第一次将企业竞争理论向地区乃至国家进行推广，系统、详细地讲述了钻石模型，并针对模型包含的 6 个关键要素进行了描述，我们熟知的产业集群就是钻石模型在空间上的体现。可以说，波特提出的竞争优势理论是目前相对完善的理论，此理论为进一步研究竞争优势创建了理论基础。但是也应该看到，针对如何构建一种能够不断强化区域产业竞争优势的机制，波特的理论依然无法提供清晰的思路，因而他的理论也需要不断完善。

四、新贸易理论

新贸易理论的思想继承了熊彼特的“创造性破坏”的思想，强调产业升级的基础是产品质量提升，同时产品质量提升也是经济飞速发展的动力源泉。扬阿尔文（Young Alwyn，1991）提出了自由贸易如何构建专业化生产产品有限的“边干边学”模型，该模型提出的具体产品有两种：第一种是在“边干边学”空间专业化生产的产品，第二种是“边干边学”空间所没有的产品，这两种产品的专业化生产技术不同，对本国经济增长产生的影响也不同。扬阿尔文强调，“边干边学”空间的产品能够在产品间产生技术扩散效应，但是他忽略了产品空间的非同质性，以及国家在产品空间的定位对转型生产新产品的成本影响，更忽略了国家的初始专业化分工是否会影响未来的产业升级。马特苏雅曼（Matsuyama，1991）认为，在所生产的产品中，有的产品可以展现出内生性增长，有的则不能，由此得出，如果一国将比较优势专注于生产静态产品，那将会使该国经济倒退，是产品空间内的产品差异及不同技术的选择，决定该国经济是增长还是停滞。约万诺维奇（Jovanovic，1996）研究了技术的选择不同如何影响产业升级。他认为，对于单个产品来说，在固有的技术条件下，经验可以给技术工人提供生产率提高的信息，但是经验产生的收益是有限的，这导致技术工人必须选择生产新产品，新产品与原有产品在技术上存在的相似程度直接影响已有知识转移到新产品生产中的程度。相似程度较低的产品，说明在产品的转变过程中有很大一部分的生产率损失掉了，产品升级将会面临困难。

之后，新贸易理论的学者们又深入分析了产品空间分布与产业升级和企业增长绩效间存在的关系，利用产业组织和结构的知识阐述国际贸易的新现象，由此构建了产业升级的规模经济理论和战略性贸易理论，并对发展中国家实现产业升级该如何进行规模化产品生产及产品多样性等问题进行解答，逐渐形成了产业和产品内分工理论。他们认为，产品升级深刻影响了国家或地区比较优势的形成和演化，但他们的研究并没有建立一个完整的产品空间，而是假定产品间为孤立的。菲利普·阿吉翁等（2005）搭建了产品多样化的模型，重点指明一个国家经济增长的根源具有多样性，但是此理论忽略了产品相似性的影响作用，认为在产业结构转换和经济飞跃的过程中，至少会有一个产品可以达标，所以最初的专业化生产模式对后续的生产没有影响，产品间是孤立的，如化妆品初始的专业化水平对手机的预期生产率水平是没有影响的。

五、产业转移理论

1936 年日本经济学家赤松要提出“雁行形态论”后，逐渐形成了劳动密集型产业转移理论、中心—外围理论、生命周期理论、边际产业扩张理论等，均注重发展中国家如何利用产业转移调整产业结构。我国学者在长江三角洲、珠江三角洲产业得到发展后，越来越关注产业承接、产业升级问题。范从来等

（2005）搭建了两阶段最优的产业发展模型，认为如果将本土产业与国际资本形成配套，可以提升本土产业的技术水平，从而提高产业的自主创新能力；反之，如果本土产业与国际资本无法形成配套，本土产业则会陷入国际资本转移过程中出现的产业配套陷阱。刘志彪等（2009）研究了产品内分工视角的产业转移影响产业承接的原因、过程及结果。但其研究还停留在劳动密集型产业向资本密集型产业转移的方面，仍有资本扩张的政策导向。

六、比较优势演化理论

新增长理论和新贸易理论都存在共同的假设前提，认为产品空间具有同质性，即产品和产品之间的“距离”是完全相同的，厂商可以在现有的产品空间中顺利发现并生产新产品，这能够增强产品空间和比较优势演化的动力，进而实现产业升级。

但客观现实是，产品空间既不是完全孤立的，也不是完全连续的，同时也不是完全同质的，产品空间既存在不连续性，又存在异质性。生产商在原有的产品空间基础上有可能不生产连续的新产品，或者在厂商能够实现转换生产的范围内没有产生新产品的可能，或者原有产品飞跃到新产品的过程不会十分顺利，进而新产品的出现和生产也许不能顺利实现，这就可能导致经济增长和产业升级面临“断档”和停滞。

比较优势演化理论能从根本上解决发展中国家的产业在复杂的国际环境中及在技术、资本的外部嵌入背景下升级且形成产业动态比较优势的问题。

豪斯曼（Hausmann et al.，2006，2007）最早根据产品特性分析产业升级，提出了产业升级的比较优势演化理论，设计并构建了全球范围内的产品空间，指出产业升级受现有产品能力的制约并进行稳健性检验，结果表明产业升级更倾向于向产业关联度较高的产业进行升级，指明了产业升级的方向。

此外，豪斯曼（2006）在内生经济增长理论的基础上，融合社会网络理论搭建了产品空间演化模型，首次将产品升级过程中具有的比较优势演化和一国的产业升级路径及经济增长联系起来。此模型重点关注产品空间的不连续性和不同质性，考察影响产业升级的因素，如产品的邻近性、发现要素及产品空间密度等，深入研究了技术距离引起的产品转换的成本增长和风险及制约厂商自主发现的外部性因素，如技术扩散、信息、协调等因素。

一个国家或地区在实行推动产业升级或结构转型的产业政策时，如果忽略了限定因素，产业升级的目标超过了国家或地区的能力范围，就会导致严重的后果。在产品空间与比较优势演化理论描述中，在比较优势的演化过程中，产品有着无与伦比的重要性，它对当地的产业升级和比较优势演化的选择方向有着决定性的作用。特别是产品空间产品间的技术邻近性，会对当地的产业发展方向和产业的比较优势有突出的影响。鉴于此，当地更倾向于选择与现有产品邻近的新产品生产，以发挥与邻近产品相关的技术优势。产品空间多表现为非同质性，既有联系紧密的部分，也有产品联系稀疏的部分，这说明一个国家的产业转型受产品空间的当前位置影响，并且受这种最初的专业化模式影响很大。

随着我国外向制造业在世界经济体系中的发展，我国学者开始注重国际分工和比较优势的研究，解析我国该如何参与国际分工及提升分工地位，以此实现产业结构升级；同时，在国外研究比较优势问题的先进思路基础上，从多个角度论述我国该如何发挥动态比较优势。但学者们只是给出了一个国家和地区应该生产什么产品，却没有对劳动密集型产业转型升级为资本、技术密集型产业给出具体的对策建议。这类结论通常注重专业化的优势，忽视了发展中国家快速增长时期各产业表现出的多样性。

我国利用产品空间理论分析产业升级的问题，始于张其仔（2008，2013，2014）进行的系列化研究，其利用豪斯曼的比较优势演化理论构建中国产品空间结构，进而对中国产业升级路径的选择、产业升级机会的甄别、产业升级过程中的“断档”风险及产业政策是否遵循比较优势等问题进行了详尽的研究。有学者（Sandra et al.，2012）在豪斯曼等人的研究基础上，参照2000—2006年我国海关企业层面的出口数据，研究了中国企业出口能力与企业产品和当地比较优势间存在的相关性。经过数据分析和检验，他们认为，实现产品多样化被限制在现有产品基础上，所以中国出口产品多样化表明了利用现有技术和开发新产品之间的高效能力。他们同时还证明了区域生产的所有产品存在不同的相关性，会直接导致企业不同的出口产品存在不同的隐形升级能力，即企业受到产品溢出效应、规模和范围经济效应的影响，产品升级能力主要来自普通贸易而非加工贸易。邓向荣等（2016）则利用产品空间结构的可视化，从比较优势演化的角度深入探究产业升级的路径依赖，并实证检验了产业升级与比较优势的关系。在区域研究方面，曾世宏等（2010）、伍业君等（2012）依据产品空间理论，对我国的某些特定产业和省区空间结构及比较优势演化作了深入研究，但是研究有待系统化。

从目前研究结果看，对产品升级与产业升级的研究已逐渐深入并且日渐成熟，尤其是在产品空间演化的角度研究产业升级问题，科学的分析方法和理论建构模式增强了对客观世界产业升级的解释力度。

但是，我国对这一问题的研究，缺乏产品空间演化模型的普遍性分析及采用现代计量方法进行系统性的实证校验，仅进行了描述性分析和经验总结，没有系统性地利用产品空间研究地区产业升级路径问题，对比较优势演化过程中存在的流动性及“比较优势陷阱”问题也缺乏必要的探讨。同时，在国家范围内对产品空间演化进行量化分析时，厂商对新产品开发风险和成本的认知直接影响了产业升级的方向和路径，这也是一个值得深入研究的问题。

第三节　产业升级路径相关文献综述

伴随着产业内分工网络的形成，产业比较优势显现、发展和演变的方式不会永远是连续的、线性的，也许存在产业升级路线的分岔、升级时机的丢失和产业升级的不连续，由此造成产业升级和演变路线趋于复杂，且产业间和产业内的升级常常交叉进行，这又归结为比较优势演化带来的产品空间结构的演变。

有关东北地区产业升级问题的研究由来已久，但多数学者主要从产业结构升级的角度进行阐述，这种从低附加值产业升级到高附加值产业的结构思想是国内最早讨论产业升级的观点。国内最早讨论产业升级的经济学家是吴崇伯（1988），他根据东盟国家20世纪70年代末到80年代初的经济调整，得出产业升级的实质就是产业结构的升级换代。我国学者周振华（1991）认为，产业升级的动力主要来源于资源的配置能力、需求结构和产业创新等方面。郑新立（1999）从投资结构的角度研究产业升级问题，分析了影响产业结构升级的因素。伍长南（2002）分析了FDI与产业结构调整的关系。李培育（2003）分析了落后地区产业结构调整的思路。芮明杰（2005）更注重从需求、供给和环境等因素中总结影响产业结构变化的原因。徐礼伯等（2014）总结了中国产业结构困难的根源主要在于体制障碍、缺乏创新、思维惰性，推动产业升级的关键是突破限制、转变思维方式、修正方向及路径。计保平（2014）得出产业升级的基础是内部结构的优化，产业升级的本质同样是产业内部结构不断优化的过程。

在全球化生产体系业已形成的今天，我国确定了结构调整和发展转型是目前的主要发展目标，但是产业升级过程中的路径选择、政策选择是主要难题。传统的产业升级理论不能解决目前产业升级的方向、幅度和升级过程中风险规避等问题。从根本上解决发展中国家的产业如何在复杂的国际环境中，如何在技术和资本外部嵌入的背景下，通过政府培育专业人力资本、提高劳动生产率等方式使产业得到升级且形成产业动态比较优势是当前产业升级关键所在，而本书所研究的比较优势演化视角对这些问题给出了很好的答案。

一、比较优势理论

1817年，英国古典经济学家李嘉图在其著名的《政治经济学及赋税原理》中，批判性地继承了亚当·斯密的绝对优势理论，创立了之后在国际贸易领域具有重要地位的比较优势理论。

所谓比较优势，即若一国生产某种产品的机会成本小于在其他国家生产该种产品的机会成本，则说明该国在该种产品的生产上具有比较优势。

比较优势理论认为，每个人都消费本国和世界其他国家所生产的商品和劳务，其中，可以用较少的资源投入生产该物品的国家被认为在该种商品的生产上具有绝对优势，生产该种商品的机会成本比较小的国家由此具有比较优势。

二、关于“比较优势陷阱”问题的研究

近年来，很多学者开始研究发展中国家的经济增长和产业升级问题。针对发展中国家是否应该按照比较优势参与国际分工，学术界一直没有形成一致的意见。

（一）“比较优势陷阱”的形成

辛格（Singer，1949）和普雷维什（Prebisch，1950）认为，在发展中国家依赖初级要素参加长期的国际贸易分工过程中，不一定能提升其全球价值链地位，甚至还有可能出现贸易条件不断恶化的恶性循环。奥洛夫（Olofin，2002）认为，劳动等生产要素是外在给定的，如果发展中国家以劳动密集型产业参与国际分工，在后续的产业升级及比较优势的转换中则会出现很大的困难。奥蒂和吉尔布（Auty，Gelb，2000，2002）研究了资源丰富的荷兰，因第二次世界大战之后的经济发展主要依靠资源优势，最终陷入经济发展的困境这一案例。有研究报告（Commission on Growth and Development，2008）指出，19 世纪 60 年代被列为中等收入国家的 101 个经济体中，只有 12.87% 到 2008 年成功晋升为高收入国家。

学者们将这种经济发展的困境称为“比较优势陷阱”（王佃凯，2002；李辉文，2004；陈昊，2010；刘涛雄、周碧华，2012），并对中国“比较优势陷阱”问题也进行了深入的研究。王小鲁、樊纲、刘鹏（2009）认为，发展中国家如按照比较优势发展传统产业，长期而言不具有可持续性，甚至可能会导致在国际分工中处于较低的地位，陷入“比较优势陷阱”。杨（Young，1991）、松山

（Matsuyama，1992）、阿米蒂和弗罗因德（Amiti，Freund，2010）的研究也发现，中国在对外贸易中主要参与的是低附加值的劳动密集型加工生产环节。钱学锋和熊平（2010）对中国的出口增长进行研究时发现，中国的出口增长主要源于出口数量的增加，并且这种贸易局势已经开始恶化。一些学者（Kowalski et al.，2011）也得出了相同的结论。

另一些学者认为发展中国家应遵循比较优势的发展路径，发展中国家在以比较优势参与国际分工过程中能够形成新的比较优势，进而促进产业升级（Chuang，1998；林毅夫、蔡昉、李周，1999；林毅夫，2002，2003；林毅夫、李永军，2003；林毅夫、张鹏飞，2005；林毅夫、任若恩，2007；徐朝阳、林毅夫，2010），并强调政府在这一过程中要发挥重要的引导作用（林毅夫，2011，2012）。

（二）“比较优势陷阱”的判定

遵循比较优势的发展路径会使发展中国家获得一定的优势地位，促进经济增长，但也有可能会使发展中国家落入“比较优势陷阱”。对此，当前学者们主要从比较优势是否存在固化性及是否转向更高技术的产业两方面进行研究。

一方面，普劳德曼和雷丁（Proudman，Redding，2000）首次将马尔科夫链方法用于考察比较优势的固化程度，分析了英国、德国、美国、日本、法国5个国家22个制造业的动态比较优势，之后扎吉尼（Zaghini，2005）及阿尔瓦雷斯和富恩特斯（Alvarez，Fuentes，2012）沿用了普劳德曼和雷丁的方法，否定了发展中国家陷入“比较优势陷阱”，并通过实证研究得出发展中国家比较优势的固化程度较低，而流动性程度较高，但一些学者的结论则截然相反。范·马尔维克（Marrewijk，2004）、耿伟（2006）、科瓦尔斯基和博蒂尼（Kowalski，Bottini，2011）用同样的方法得出的结论是：中国的比较优势流动性较低，具有较强的固化性特征。

另一方面，在比较优势是否转向了高技术产品方面，杨汝岱和朱诗娥（2008）、郑展鹏（2010）、魏浩等（2011）进行了相关研究，认为中国目前的比较优势产品仍然以低技术制成品为主，尽管近年来技术制成品的比较优势日益明显，但仍没有完全转向高技术产品。

三、关于产业升级路径问题的研究

（一）技术创新

“比较优势陷阱”的跨越是比较优势从主要依靠劳动力或者资本的投入转变到依靠生产效率的提高。世界银行（The World Bank，et al.，2012）的研究报告指出，以劳动力或资源比较优势发展的低收入国家，在达到中等收入水平后，如果不通过技术创新提高劳动生产率或技术水平，不能建立起以技术创新、物质资本和人力资本积累为基础的新的比较优势，摆脱对廉价劳动力等生产要素的过度依赖，这些中等收入国家就会陷入“比较优势陷阱”。

在研究如何跨越或者摆脱“比较优势陷阱”问题时，杨高举等（2014）认为，中国的比较优势正在经历从低技术产业向高技术产业的升级阶段，而这一进程能够持续下去的重要推动力就是技术创新。技术创新是跨越“比较优势陷阱”的重要推动力，同时也会推动产业升级。坎特韦尔和埃丝特拉（Cantwell，Estrella，1990）两位学者认为，推动国家或地区层面产业升级的根本动力是生产率的提高。我国研究者丁焕峰（2006）认为，技术创新会导致生产要素在企业各部门流转，引起各部门的扩张和收缩，从而使产业得到有序的发展。孔曙光等（2008）从微观角度出发，认为产业升级首先是物质基础的更换，也就是生产设备和工艺技术等由于进步和发展而进行的更新；其次是生产性劳动力由于技术创新和进步提升劳动力素质，推动产品升级。

1. 技术创新评价

技术创新是产业升级的主要推动因素，所以产业升级理论中重要内容就是对技术创新与产业之间关系的探讨。在早期，罗斯托（2001）作为新结构主义的代表主张的产业理论注重技术进步的作用及影响。他认为，在有限的具有良好扩散效应的部门，依靠技术进步对辅助部门有重要的推动作用。杨治（1982）总结日本学者筱原三代平探讨产业结构标准的观点，认为技术的进步可以推动产业结构的改变。我国对此方面的研究较多，王昌林（2005）、孙军（2008）等人的研究比较具有代表性。他们认为，产业升级归根结底还是自主创新，发展中国家在发展过程中，政府颁布的激励技术创新政策和市场需求的高度契合能够推进产业升级，他们从技术等方面讨论了产业升级的路径选择。

创新能力测度研究一直是学术界研究的热点问题之一。关于企业创新能力评价，由于研究视角和立场的不同，指标体系也不同。宁连举和李萌（2011）在评价国有大中型工业企业技术创新能力水平时，把评价指标体系归结为三个大的方面，即技术创新活动投入、技术创新活动开展和技术创新活动产出。宋河发和穆荣平（2009）在分析自主创新能力的内涵和外延及"自主"问题的基础上，设计了一个包含自主创新政策与战略能力、自主创新潜力、自主创新转化能力和自主创新实力的综合评价指标体系。陈力田等（2012）根据企业创新能力的内涵，设计了一个企业创新能力的构成框架，包括战略制定和变革过程中的外部战略协调柔性能力，组织设计过程中的内部战略协调柔性能力，技术吸收、集成和研发能力，市场营销能力，协调要素能力等。随后，陈力田与吴志岩（2014）通过案例研究，认为企业的创新能力只有实现重构，才能达到战略转型的目的，他们通过案例研究揭示了企业创新能力重构过程中的"破坏—增强"二元平衡机理。

关于区域创新能力的评价，比较权威的是中国区域创新能力报告指标体系。除此之外，任胜钢和彭建华（2007）设计了一个包括大学、科研机构、企业主体等创新主体在内及涵盖基础设施、需求状况、劳动力素质、金融环境、开放与集聚性的创新环境的综合评价指标体系。朱海就（2004）认为，区域创新能力应由网络创新能力、企业创新能力、创新环境组成。邵云飞和谭劲松（2006）认为，区域技术创新能力应由技术创新潜力、技术创新投入、技术创新产出、技术创新环境状况等方面构成。

总之，现有测度创新能力的体系很多，有的学者提出的评价体系理论性较强，但缺乏实际操作性；有的研究包含了过多的经济社会指标，忽略了企业在创新中的主体作用。另外，在测度方法方面也存在很多问题，有的学者使用层次分析法，权重的确定具有主观性；有的学者采用因子分析法，虽然有较好的客观性，但不能把创新能力的各个维度清晰地展现出来。

2. 技术创新影响因素

关于技术创新影响因素的研究也很多。陈春明等（2013）的研究以自主创新经费筹集及投入、自主创新活动运行两方面为出发点，对影响大中型工业企业自主创新能力提升的因素进行实证分析，发现经费筹集与自主创新活动经费支出不同，分配比例对自主创新产出绩效有着很大影响。孙玉涛等（2013）以我国 68 个城市 212 家战略性新兴产业上市公司作为研究样本，运用负二项回归模型进行综合分析，得出影响企业技术创新能力的区域因素主要有：FDI 水平、经济发展水平、科教政策强度和地理位置等。魏守华等（2010）运用 1998—2007 年的省际面板数据进行实证研究，实证检验结果表明，区域创新能力的提高，不仅有研发（R&D）活动规模等创新基础条件，更重要的是区域创新效率，而创新效率依赖于区域特定的因素，包括产学研联系的质量、产业集群环境、对区外技术溢出的吸收能力。张宗和与彭昌奇（2009）运用经过改进的格瑞里茨和杰菲的知识生产函数模型，对 2005—2007 年我国 30 个省市区三大技术创新主体投入产出面板数据进行了技术创新能力影响因素的实证分析。结果表明，中国区域技术创新二次产出存在多样化差异，R&D 在创新主体的配置等方面发挥着不可低估的推动作用。此外，创新主体内外制度性因素与技术创新的绩效之间也存在着相关性。

（二）比较优势演化

地区产业的生产结构直接影响着地区的经济发展，生产结构的成功转型或者成功转型所需要的能力的积累过程直接体现其经济发展（Chenery et al., 1986）。传统的产业升级理论建立在假定地区产业空间是连续的并且同质的基础上，所研究的产业升级路径也认为是线性且连续的。例如，格罗斯曼和赫尔普曼（Grossman，Helpman，1991）、菲利普和豪伊特（Philippe，Howitt，1992）认为产品空间中各个产品之间是完全独立的，不同产品之间的距离完全相同，并且产品的初始状态对未来产品的状况没有任何影响，即产品的升级与初始状态无关，其是逐级实现的。

关于我国产业升级区域差异问题，学者们分别从我国区域产业结构、产业经济效率、产业转移等角度进行分析，认为区域产业升级受到居民消费、外商直接投资、物质投资及技术进步等因素的影响，此外还会受到来自邻近地区的影响。但是以上研究均从静态分析的角度解释我国产业升级的区域差异。杨（Young，1991）和马特苏雅曼（Matsuyama，1991）首次提出产品存在异质性的可能，认为产品空间中各产品自身存在显著差异，但仍对产品的异质性问题没有给出详细的判定标准。有学者（Jovanovic，Nyarko，1996）在研究产品升级时发现，原有产品与新产品技术上的邻近程度会影响产业升级，新老产品邻近程度越大，转移到新产品的过程越容易。豪斯曼和伊达尔戈运用国际贸易产品出口数据详细地研究了地区生产结构，建立了世界范围内的产品空间，指出产品是一个国家或地区知识、能力、技术的载体，反映其要素禀赋的综合特征，在产品空间中，地区所积累的生产能力越大，其实现跨越式发展赶超发达国家的可能性越大，进行多样化和高端化发展的机会越多；反之，如果积累的能力较少，则很难进行多样化或者高端化发展，不同地区在产品空间中所处的位置不同，其产业升级状况和方向也不同。他们通过产品间相似程度矩阵建立了一个异质性分布的产品空间，构建了一个将产业和区域联系起来的“产业—区域”网络，从动态演化的角度解释和分析区域产业结构变动差异，发现一个国家或地区可以通过改变优势产业组合实现产业结构转型。产品空间理论认为，区域初始要素禀赋“供给”的生产能力与产品生产“需求”的生产能力之间的能力差级，决定了该地区是否能够在该产品上具有比较优势。张其仔（2008）对我国产品空间及产业升级问题进行了详细的研究，指出地区的产业空间受其各产业比较优势影响，地区各产业比较优势不同，其未来的演化路径也不同。一个地区的产业升级路径由比较优势未来的演化路径决定，而比较优势不一定是线性演化的，有可能出现分岔，或者断档。同时，在分析产业升级路径时，要考虑三方面因素：产业升级方向、产业升级幅度及产业升级断档可能。张其仔等（2013）利用联合国商品贸易统计数据绘制了不同时期的全球产品空间，发现世界范围内各个时期的产品空间都存在异质性的基本特征，并对潜在比较优势产业的筛选进行了进一步的讨论。邓向荣等（2016）在全球产品空间结构布局基础上分析了中国 50 余年具有显性比较优势的产品空间的演变历程，并实证检验了比较优势在产业升级过程中的作用。

在研究各地区产业转型升级问题时，蔡昉等（2009）提出大国雁阵升级模式正发生在我国各地区产业升级中。曲玥等（2013）利用 1998—2008 年规模以上工业企业数据分析了我国制造业“雁阵模式”产业转移问题，发现我国制造业已出现由东部向中西部内陆地区产业转移的现象，并且以劳动密集型产业为主。张其仔（2014）在对产业类型分类的基础上，探讨了雁阵式产业升级模式及比较优势陷阱的风险问题。贺灿飞等（2016）利用中国海关总署进出口数据绘制中国产品空间布局，发现中国东部、中部、西部和东北部四大区域均出现明显的结构转型，并且各地区结构转型的路径和方向有所不同，产品空间的演化路径受技术关联的影响较明显。区域能力积累与两种产品所需的生产能力差之间的距离，决定了该地区生产要素在不同产品间转移的难易程度，进而影响产业升级路径的选择。这一理论提出以来，很多学者将其应用于指导我国产业升级。邓向荣和曹红（2016）在构建全球产品空间布局图的基础上，通过分析我国产业升级路径，发现我国产业升级过程中传统劳动密集型产业退出障碍会降低资源配置效率，抑制技术密集型产业的创新能力累积与跨越式升级。张其仔（2008）甄别了我国产业升级机会，提出我国应充分发挥产业多样化的优势，鼓励升级能力小的产业通过产业内升级积累能力，鼓励升级能力高的产业快速升级追赶国际先进水平，提出了“分岔式”产业升级路径。

1. H–K 产业升级路径

比较优势理论认为，要素禀赋在产业升级过程中发挥了重要支撑作用，产业升级应遵循比较优势，但其对于具体的产业升级的方向、幅度等却没有给出可操作建议。伊达尔戈等（Hidalgo，Kinger，Barabasi，et al.，2007）、豪斯曼和克林纳等（Hausmann，Klinger，2007）研究发现，初始分工对地区的经济发展至关重要，会影响地区的经济结构及地区经济发展路径。产品代表着企业的生产能力，其包含生产过程中所需要的全部人力、资本、土地等生产要素禀赋及政府政策等环境因素。产业的成功升级体现为向新产业的成功转换，而产业间生产能力的邻近程度会影响这种转换的发生，邻近程度越大，产业间的转换越容易；反之，邻近程度越小，由旧产业向新产业的转换越难发生。张其仔（2008）根据国际惯例将这种结构转换模型称为 H–K 模型，如图 2–1 所示。

图 2–1　H–K 产业升级模型

2. 扩展的 H–K 产业升级路径

H–K 模型所体现的是产业线性的发展历程，但在产业升级过程中，出现分岔的可能性更高，而不都是沿着线性发展的。张其仔（2008）扩展了豪斯曼等人的研究，提出了扩展的 H–K 产业升级模型理论（图 2–2），引入“产业度”的概念，认为产业后续的发展机会越多，其被“套牢”的机会越小，越容易向该产业升级。同时，也解释了发生在世界范围内的大规模投资的“潮涌”现象。发达国家凭借其技术的领先、信息的广泛等优势，成为世界市场的开拓者，但企业对未来升级的方向和前景未知，在进行产业升级时不容易达成共识，未来的发展呈现多元化。发展中国家经济处于产业链中低端，其产业未来发展是可预见的，产业升级的方向很容易达成一致，从而导致投资大规模涌向某一产业的“潮涌”发生，这也是为什么“潮涌”现象会出现在发展中国家较多的主要原因。

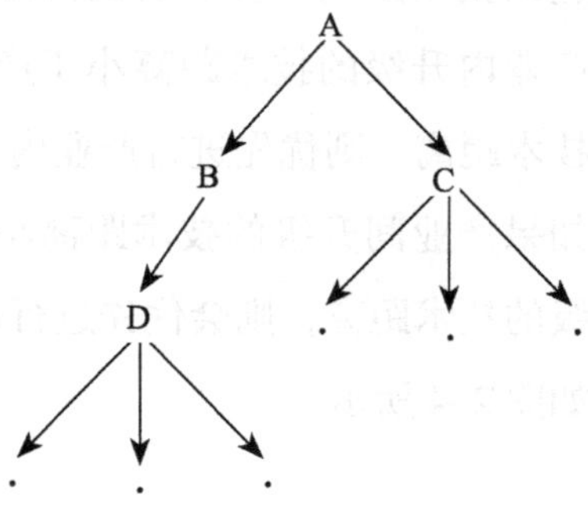

图 2–2　扩展的 H–K 产业升级模型

3. 引入创新的扩展 H–K 产业升级路径

邓向荣等（2016）对 H–K 模型进行进一步研究，将地区生产能力积累引发的产品创新加入扩展的 H–K 模型中，提出含创新的扩展 H–K 产业升级模型（图 2–3）。他认为，一方面创新会增加产业空间节点，使产业在进行升级时有可能发生突变，形成一条新的产业升级路径；另一方面，发展中国家往往由于“成熟技术不可能存在追赶机会”陷入“中等收入陷阱”，而创新会使企业进入技术前沿领域，迈进产业价值链高端，实现经济增长和“陷阱”跨越。

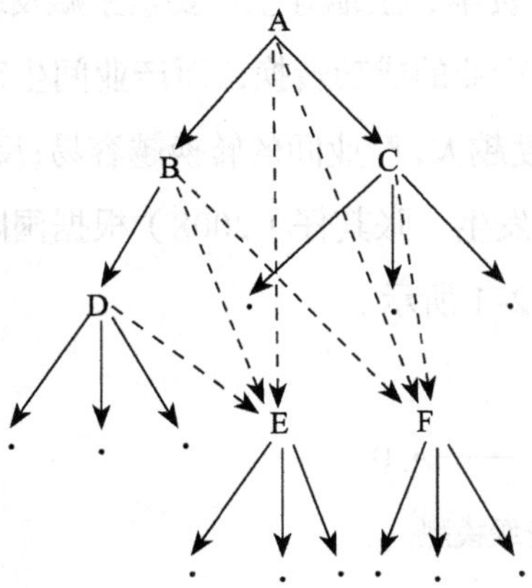

图 2–3　引入创新的扩展 H–K 产业升级模型

总之，产品空间结构下的产业升级路径是一个复杂的网络，包含线性升级和非线性升级、产业内升级和产业间升级，并且产业内升级和产业间升级过程中也会存在线性或者非线性升级。霍布迪（Hobday，1994）从全球价值链视角将企业的生产环节划分为 OEA、OEM、ODM、OBM 等活动。他认为产业升级可以是线性进行的，也可以分岔进行，如在产业内升级还没有结束时路径分岔进入另一产业，可进行跨产业升级。产业在进行升级时，根据升级需要跨越的技术距离选择有利的升级路径，如果产业内升级的技术距离小于产业间升级的技术距离，则优先进行产业内升级；反之，如果产业间升级的技术距离小于产业内升级的技术距离，则会优先进行产业间升级，如图 2–4 所示。

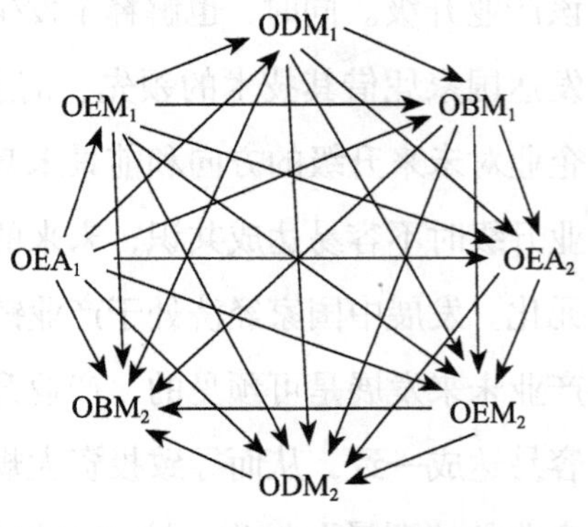

图 2–4　产业升级路径演化空间网络

第四节　小　结

产业升级是产业累积和培育发展能力的动态过程。从根本上讲，产业升级是增强产业高质量发展的途径，是产业的短期和长期利益相互协调且产业发展能力螺旋式提高的过程。由此，产业升级路径不能单纯地看作一个产业由价值链的低端向高端环节的提高，或是由劳动密集型产业向资本、技术密集型产业的转变。宏观角度、中观角度和微观角度的产业升级都存在重要的潜在假设：产品空间具有连续性并且同质，生产商经常在原有产品空间基础上得到新产品且能够实现跳跃，产品空间与比较优势的演化得到推动，顺利实现产业升级。

豪斯曼利用社会网络理论，在内生经济增长理论框架下，搭建了产品空间演化模型，首次将国家或地区产业升级路径和经济增长与产品升级所具有的比较优势联系在一起。随着学者们对产品升级与产业升级研究的深入和成熟，从产品空间演化的角度研究产业升级问题及科学的分析方法和理论建构模式增强了对客观世界产业升级的解释力度。总之，产品空间结构下的产业升级路径是一个复杂的网络，存在线性升级和非线性升级，产业内升级和产业间升级，并且产业内升级和产业间升级过程中也会存在线性或者非线性升级。

遵循比较优势的发展路径，会使发展中国家获得一定的优势地位，促进经济增长，但也有可能会使发展中国家陷入“比较优势陷阱”。针对“比较优势陷阱”的研究，学者们主要从比较优势是否存在固化性及是否转向更高技术的产业两方面进行。

我国关于产业升级问题的研究，缺失产品空间演化模型的普遍性分析与采用现代计量方法进行系统性的实证校验，仅进行了描述性分析和总结经验，对比较优势演化过程中存在的流动性及“比较优势陷阱”问题也缺乏深层次的探讨。同时，在国家范围内对产品空间演化进行量化分析时，新产品的创新风险和成本也直接影响了产业升级的方向和路径，这是一个值得深入研究的内容。

第三章　产业升级地区差异分析

第一节　比较优势的测度

一、指标的衡量与计算

（一）显性比较优势衡量与计算

在计算产业显性比较优势指数（RCA）时，本书采用美国经济学家巴拉萨利用国际贸易数据测算比较优势的方法，即通过产出的结果衡量一国的比较优势。本书用各产业主营业务收入作为产出数据，以各地区该产业所占的市场份额与全国该产业所占的市场份额的比值来表示，既反映各产业在所有产业中的相对比较优势水平，又剔除了各地区经济水平及全国经济水平变动的影响。一般将 RCA=1 设定为产业是否具有显性比较优势的临界点，RCA>1 说明产业具有显性比较优势，RCA<1 说明产业不具有显性比较优势，RCA 越大，说明该地区的该产业与全国各产业相比比较优势越强。式（3-1）为 RCA 计算公式。

$$\mathrm{RCA}_{c,i,t}=\frac{\dfrac{\mathrm{income}_{c,i,t}}{\sum_{i}\mathrm{income}_{c,i,t}}}{\dfrac{\sum_{c}\mathrm{income}_{c,i,t}}{\sum_{c,i}\mathrm{income}_{c,i,t}}} \tag{3-1}$$

式中，income 表示主营业务收入；c 表示地区；i 表示产业；t 表示时间。

（二）连通性衡量与计算

连通性（PATH）是该产业与周围其他产业邻近度之和，反映产业多样化路径进行升级的能力。连通性越高，该产业与其他产业的技术距离越小；反之，则越大。连通性越强的产业，同周围产业联系越紧密，与周围产业生产要素交换越容易，吸收周围产业技术外溢能力越强，未来的升级机会越多。式（3-2）为PATH计算公式。

$$\mathrm{PATH}_i = \sum_j \phi_{i,j} \tag{3-2}$$

式中，ϕ表示产业邻近度，是产品间的相似程度；j表示产业。

产业邻近度（ϕ）反映产业之间的相近关系，即不同产业之间同时具有比较优势的可能性，产业之间的邻近度以其中一类产业已具有比较优势的条件下，另一类产业也具有比较优势的条件概率的最小值表示［式（3-3）］。

$$\phi_{i,j,t} = \min\left\{ p\left(\frac{x_{i,t}}{x_{j,t}}\right), p\left(\frac{x_{j,t}}{x_{i,t}}\right) \right\} \tag{3-3}$$

式中，p表示条件概率；x表示显性比较优势状态。当该产业不具有比较优势时，显性比较优势状态x取0；当该产业具有比较优势时，显性比较优势状态x取1［式（3-4）］。

$$x_{c,i,t} = \begin{cases} 1, & \mathrm{RCA}>1 \\ 0, & \text{其他} \end{cases} \tag{3-4}$$

（三）技术性衡量与计算

产业的技术性反映地区经济的复杂程度，而经济的复杂程度又直接体现为地区经济增长率或者人均收入水平。本书借用人均地区生产总值和产业比较优势综合指标PRODY核算地区经济复杂度和技术性（张其仔，2014）［式（3-5）］。

$$PRODY_t=\sum_c=\left[\frac{\dfrac{income_{c,i,t}}{\sum_i income_{c,i,t}}}{\dfrac{\sum_c income_{c,i,t}}{\sum_{c,i} income_{c,i,t}}}\right]\times GDPpc \quad (3\text{-}5)$$

式中，GDPpc 表示地区人均 GDP；income 表示主营业务收入。

（四）产业类型衡量与计算

连通性测度的是产业的多样化，技术性测度的是产业的复杂程度，这两类指标体现的是产业知识积累和所代表的能力。本书根据产业的连通性和技术性特征将我国产业类型重新进行分类，按高中低各占 1/3 将产业分为 9 种类型，分别为高技术 – 高连通（H–H）、高技术 – 中连通（H–M）、高技术 – 低连通（H–L）、中技术 – 高连通（M–H）、中技术 – 中连通（M–M）、中技术 – 低连通（M–L）、低技术 – 高连通（L–H）、低技术 – 中连通（L–M）、低技术 – 低连通（L–L），见表 3–1。

表 3–1 产业类型分类

产业类型	高连通	中连通	低连通
高技术	H–H	H–M	H–L
中技术	M–H	M–M	M–L
低技术	L–H	L–M	L–L

二、数据的来源与处理

（一）数据来源

本书在产品空间结构基础上研究产业升级。绝大多数学者建立产品空间时采用的是国际贸易数据，然而这些数据无法分析国内各地区产业空间状况，无法建立地区产业空间结构。为了更为详细地研究国内区域范围内的产业升级水平，本书以《中国工业经济统计年鉴》中 2005—2015 年各行业数据替代各产品贸易数据作为检验样本，个别缺失的数据采用平均增长率方法进行补充，并用“产业空间”代替“产品空间”，同理，对应的产品空间各指标也称为“产业空间各项指标”及“产业空间连通性、技术性”。

（二）数据处理

第一，对地区进行界定。按照国务院发展研究中心发表的报告，全国划分为八大综合经济区，分别是北部沿海综合经济区（北京、河北、天津、山东）、东部沿海综合经济区（上海、浙江、江苏）、南部沿海综合经济区（广东、福建、海南）、黄河中游综合经济区（陕西、河南、山西、内蒙古）、长江中游综合经济区（湖北、江西、湖南、安徽）、大西南综合经济区（云南、重庆、四川、贵州、广西）、大西北综合经济区（甘肃、西藏、宁夏、青海、新疆）、东北综合经济区（辽宁、黑龙江、吉林）八大综合经济区。

第二，鉴于基础数据的选择要体现产业发展现状及比较优势水平，本书在分析显性比较优势时，选择《中国工业经济统计年鉴》2005—2015 年全国 30 个省级行政区域（不包括台湾、西藏、香港、澳门）的各产业主营业务收入作为基础数据。

第三，在分析产业类型时，本书选择地区生产总值平减指数对人均地区生产总值指标进行平减处理，剔除物价变动的影响。

第四，由于 2011 年我国工业行业代码发生了变化，为了使本书研究具有连续性，数据口径前后一致，本书剔除金属制品、机械和设备修理业、开采辅助活动和其他采矿业，并将之后增加的铁路船舶航空航天及其他交通运输设备制造业和汽车制造业合并为交通运输设备制造业，保留 37 个前后数据口径一致的工业行业作为样本数据。

第二节 指标衡量

一、产业类型重新分类

根据产业技术性和连通性的水平，本书将我国37个产业按照高、中、低各占1/3比例的分类方法分为9种类型，其中，低技术–低连通类型的产业有1个，低技术–中连通类型的产业有4个，低技术–高连通类型的产业有7个，中技术–低连通类型的产业有4个，中技术–中连通类型的产业有4个，中技术–高连通类型的产业有5个，高技术–低连通类型的产业有7个，高技术–中连通类型的产业有5个，无高技术–高连通产业，见表3–2。

由表3–2所知，目前中国工业产业没有高技术–高连通产业，一方面，说明高技术产业的连通性不理想，大部分处于低连通水平，只有少数一部分处于中连通水平；另一方面，高连通的产业技术性不好，主要处于中技术和低技术水平。我国低技术–低连通产业类型只有石油和天然气开采业，其余产业已摆脱了低技术–低连通的束缚，说明我国产业升级水平已得到整体提升。属于高技术–低连通性和低技术–高连通性产业类型的产业较多，属于高技术–中连通性类型的产业次之，低技术–低连通性类型的产业最少，只有一个产业，说明在研究期内，我国产业大多处于中等水平，有很大的升级潜力。

表3–2 产业类型分类

产业类型	高连通	中连通	低连通
高技术	无	家具制造业 橡胶和塑料制品业 工艺品及其他制造业 ** 通用设备制造业 纺织服装鞋帽制造业	** 交通运输设备制造业 文教、体育用品制造业 仪器仪表制造业 金属制品业 电器机械和器材制造业 计算机、通信和其他电子设备制造业 化学纤维制造业

续表

产业类型	高连通	中连通	低连通
中技术	印刷和记录媒介复制业 水的生产和供应业 * 食品制造业 造纸和纸制品业 化学原料和化学制品制造业	热力电力生产及供应业 * 专用设备制造业 煤气生产和供应业 ** 黑色金属冶炼和压延加工业	** 石油加工、炼焦和核燃料加工业 皮革、毛皮、羽毛及其制品业 废弃资源综合利用业
低技术	* 非金属矿采选业 * 非金属矿物制造业 ** 农副食品加工业 * 饮料制造业 ** 医药制造业 ** 木材加工和木、竹、藤、草制品业 烟草制品业	** 黑色金属矿采选业 煤炭开采与洗选业 有色金属冶炼和压延加工业 有色金属矿采选业	** 石油和天然气开采业

* 表示东北地区该产业绝大多数年份具有显性比较优势；** 表示东北地区该产业 2005—2015 年一直具有显性比较优势。

二、产业升级状态的衡量

本书对产业升级状态的衡量标准采用豪斯曼和克林纳（2007）的方法，并借鉴邓向荣等（2016）的评价标准，将产业升级状态的衡量结果划分为四大类：升级成功、升级未成功、失去比较优势、继续保持比较优势，并用经过赋值的 RCA，即 x 表示产业升级的衡量指标。当该产业不具有比较优势时，x 取 0；当该产业具有比较优势时，x 取 1［式（3-6）］。

$$x_{c,i,t}=\begin{cases}1, & \text{RCA}>1\\0, & \text{其他}\end{cases} \tag{3-6}$$

产业升级成功表示从不具有比较优势转变为具有比较优势；产业升级未成功表示产业一直处于不具有比较优势状态；失去比较优势表示从具有比较优势转变为不具有比较优势；产业继续保持比较优势表示产业一直处于具有比较优势状态。

根据每个时期各产业比较优势水平的两种可能结果（RCA>1 或 RCA<1），对产业比较优势水平按时间维度进一步分析，本书借鉴邓向荣等分类方法，将各产业的优势发展状态划分为升级成功、升级未成功、失去比较优势、继续保持比较优势四种情况，见表 3–3。

表 3–3　产业升级状态分类

发展状态	*T*–1 期	*T* 期	升级状态类别
状态 1	$x_{i,t-1}=0$	$x_{i,t}=1$	升级成功
状态 2	$x_{i,t-1}=0$	$x_{i,t}=0$	升级未成功
状态 3	$x_{i,t-1}=1$	$x_{i,t}=0$	失去比较优势
状态 4	$x_{i,t-1}=1$	$x_{i,t}=1$	保持比较优势

三、产业度的测度

度是图论中的含义，指和节点相关联的边的条数，本书引入度的意义代表产业度，反映该产业后续的产业升级机会，即该产业的生产能力禀赋（邓向荣，2016）。产业度越大，表示产业积累的生产能力禀赋越多，具备的后续向该产业升级的机会也越多；同时，产业度也会影响产业的升级成本，产业度越大，产业升级过程中“被套住”的可能性就越小，出现产业集中投资的“潮涌现象”就越少（张其仔，2008）。

对产业度进行分析时，以产业密度作为其衡量指标，产业密度用该地区已具有比较优势的产业与其邻近度之和占该地区所有产业与其邻近度之和的比值来衡量［式（3-7）］。

$$\omega_{i,t}=\frac{\sum_{j}\left(\phi_{i,j,t}x_{j,t}\right)}{\sum_{j}\phi_{i,j,t}} \tag{3-7}$$

式中，ω 表示产业密度。

在产业升级过程中，产业密度对产业升级的影响越大，说明该地区的产业升级越依赖比较优势；对产业升级的影响越小，说明产业升级越不依赖比较优势。

第三节　模型构建

一、地区产业空间异质性检验

传统的产业升级认为产业空间是均质的，即产业与产业之间的“距离”相等，产业升级可以通过线性升级逐步进行。在对产业升级问题的研究中，豪斯曼等人提出产品空间理论，对产品空间进行重新审视，认为产品空间存在异质性特征。这里采用张其仔等（2013）测量产品空间异质性的方法，对各产业的平均邻近水平进行比较，分析产业空间特征，如图 3–1 所示。

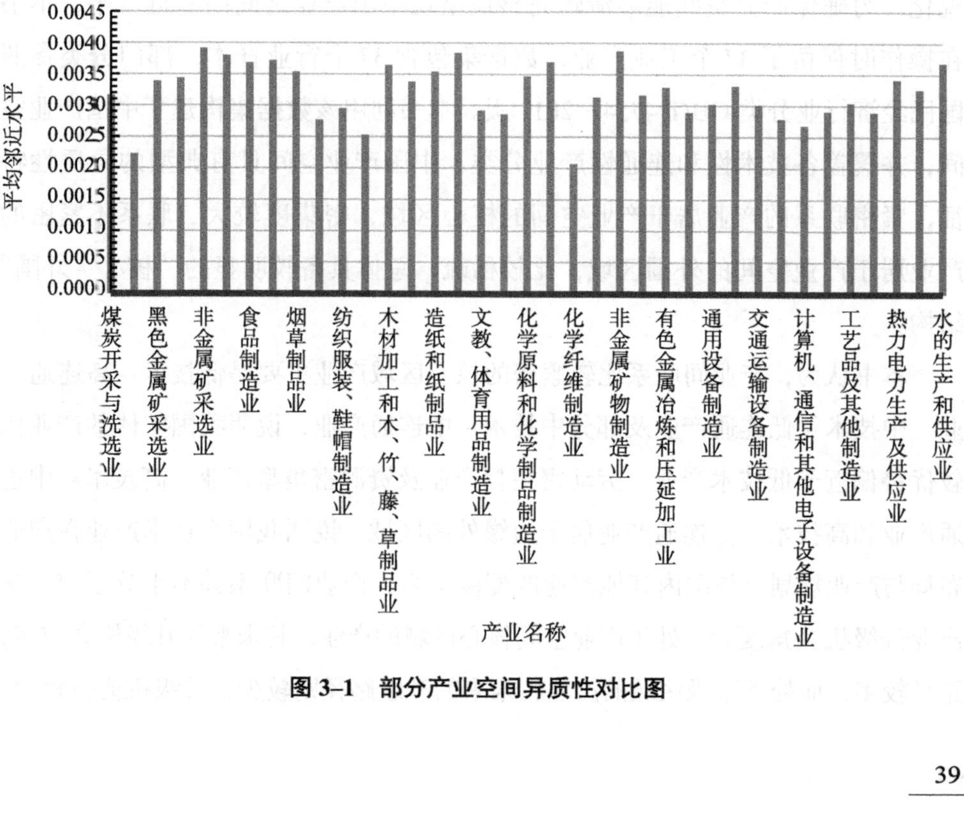

图 3–1　部分产业空间异质性对比图

图 3–1 中横轴代表各产业，纵轴代表各产业的平均邻近水平。从产业空间异质性对比图中可以看出，产业类别不同，其平均邻近水平不同，最高的非金属矿采选业和最低的化学纤维制造业的平均邻近度相差一倍。通过验证，不同产业之间具有很强的异质性特征，可运用产品空间理论分析东北地区产业升级。

二、产业空间构建

本书依循伊达尔戈等（Hidalgo et al.，2007）的产品空间构建方法和李春艳（2018）的思路构建中国产业空间，应用产品空间理论对中国数据进行评价，使用能够连接地区和行业的年度数据，从各省份统计年鉴收集了分行业2005—2017 年主要营业收入数据，并对其进行标准化处理。通过产业平均邻近水平数据拟合中国产业空间，最后借助 UCINET6.0 软件实现产业空间的可视化。为确保产业空间能够清晰完整地呈现中国产业之间的邻近水平，本书在操作时保留了 37 个工业产业，数据集包含 37 个行业样本，部门分类参照国民经济行业分类 GB/T 4754—2011 版。本书利用该数据集构建了中国产业空间，并覆盖各技术性和连通性产业分类。中国产业空间具有典型的异质性特征，紧密联系的产业居于产业空间的核心区域，密集度较大，联系不紧密的产业居于产业空间的外围区域，比较稀疏，总体具备较明显的“核心 – 外围”结构。

本书认为，产业间联系比较紧密的核心区域产业主要是低技术 – 高连通产业、中技术 – 低连通产业及部分中技术 – 中连通产业，说明我国整体的产业比较优势偏近于低技术产业、劳动密集型产业及资源密集型产业；高技术 – 中连通产业和高技术 – 低连通产业居于边缘外围区域，说明我国高技术产业在产业布局与产业规划上与国内其他产业匹配度不高，产业间联系并不十分紧密。从产业升级机会角度看，处于产业空间核心区域的产业，其未来的升级机会较多，路径较多，而处于边缘区域的产业，未来的升级路径则较少，升级机会也较少。

可以说，在技术性－连通性产业分类中，高技术－低连通产业及低技术－高连通类型产业数量较多。以交通运输制造业和计算机、通信制造业为代表的高技术－低连通产业在高技术产业中占比达到80%，其与其他类型产业组间平均邻近程度较低，说明我国高技术产业生产要素转移及产业整合其他产业资源的能力均不强，意味着在高技术产业具有比较优势的地区的生产要素组合具有独特性，难以复制，而在其他类型产业具有比较优势的地区，仅凭借现有比较优势向高技术产业进行跃迁时，会遇到高技术产业的技术壁垒或外部产业政策环境的阻碍。

以传统粗加工产业为主的低技术－高连通类型产业在我国占比为19%。这些产业具有技术复杂程度低但连通性较好的特点，分布于中国产品空间的密集区域，具有以低成本、低风险向其他产业升级的能力。这一类具有比较优势的产业地区升级潜力较高，可以通过连续跃迁优化本地区产业结构。在石油与天然气开采业（低技术－低连通产业）具有比较优势的地区，产业升级过程受到资源依赖的约束，产业升级方向选择少，生产要素组合重新配置的难度大，因此有陷入“比较优势陷阱”的风险。

三、产业升级路径选择模型构建

豪斯曼和伊达尔戈（Hausmann，Hidalgo，2007）将产品空间比喻为具有异质性特点的产品“森林”，将区域比喻为在“森林”中跳跃的“猴子”，“猴子”向什么方向跳跃、能够跳跃多远受“森林”中“树木”分布状态、“猴子”自身的跳跃能力及“猴子”目前所处的位置三个因素制约。与静态的“森林”和活动的“猴子”不同的是，区域产业升级路径受三个因素动态演化的制约：一是产品空间异质性分布的演化，即产业结构性转化能力要求的动态变化；二是地区生产要素集合积累；三是产业结构性转化要求与区域生产能力集合匹配性的动态变化。

（一）异质性产品空间与产业升级距离

在异质性分布的产品空间中，不同产品具有不同的能力积淀，可以用产品的技术复杂程度及多样化能力表示。产品技术复杂程度能够在很大程度上反映研发投入。一般来说，发达地区比较优势产业具有附加值较高的特点。本书参考豪斯曼等人的方法，以产业收入的加权和刻画产业技术性（$PRODY_i$）。能够生产高技术性产品的地区，其区域生产能力集合具有独特性。式（3-8）为产业技术性计算公式。

$$\mathrm{PRODY}_i=\sum_l\left[\frac{\frac{x_{il}}{\sum_i x_{il}}}{\frac{\sum_l x_{il}}{\sum_l\sum_i x_{il}}}\right]\times \mathrm{GDPpc}_l \qquad (3\text{-}8)$$

处于密集区域的产业多样化能力强，能够以更低的成本整合其他产业生产要素。由于产品多样化能力不同，一个产业升级过程会遇到多个能力相近的目标产业，应选择多样化能力更强的产业作为升级目标产业，为升级持续性提供条件。式（3-9）为产业连通性计算公式。

$$\mathrm{PATH}_i=\sum_j\phi_{i,j} \qquad (3\text{-}9)$$

一般而言，产业邻近度越大，产品间生产能力差越小，进行产品间要素流动的成本越小，实现优势转换的可能性越大，因此产业邻近度反映了产业升级路径的多寡。式（3-10）为产业邻近度计算公式。

$$\phi_{i,j}=\min\left\{P\left(\frac{\mathrm{RCA}_i}{\mathrm{RCA}_j}\right),P\left(\frac{\mathrm{RCA}_j}{\mathrm{RCA}_i}\right)\right\}，\ 0\leqslant\phi_{i,j}\leqslant 1 \qquad (3\text{-}10)$$

式中，RCA_i 表示 i 产品的显性比较优势。

有学者（Sandra，Felipe，2012）以产品连通性指标和产品技术性指标各按 1/3 占比，重新对产业进行高、中、低分类，建立了一个横纵坐标分别为连通性和技术性的3×3矩阵。在高技术–高连通产业具有比较优势的地区，其产业能力集合具有技术复杂程度较高且转化能力强的特点，从而具有更多产业升级的路径。而在低技术–低连通性产业具有比较优势的地区，产业升级能力不足，无法通过向中高技术转化的方式实现产业升级，因此面临比较优势固化的问题。技术性–连通性产业分类矩阵充分描述了不同类型制造业的未来发展路径和升级潜力，在同类型组内跨越的距离要小于组间，因此产品空间异质性回答了为什么在一些产品上具有比较优势的地区升级速度要优于其他地区。

（二）区域生产能力集合与产业升级方向

区域生产能力集合决定了区域比较优势，而生产能力集合的演化决定了比较优势演化，进而决定了产业升级方向。在产品空间中，比较优势的演化具有非线性特征，因此产业升级呈现“分岔式”。所谓“分岔式”升级路径，是指区域并非沿着“流程—产品—功能—价值链”升级层次从产业内向产业间过渡的单一路径进行升级，而是通过比较区域能力和产业能力，优先选择符合自身能力的升级路径，其是一种产业内和产业间相互交替的升级模式。当区域能力无法支撑跨产业升级时，应优先选择产业内升级；而当产业内升级遇到能力瓶颈或产业间跨越距离较小时，可优先选择产业间升级路径。因此，将区域比较优势演化的非线性特征与产品空间异质性相结合，为区域产业升级路径提供了更多可能性。

（三）产业升级能力积累方式与产业升级幅度

产业升级能力的积累部分来自产品空间邻近比较优势产业的要素转化，另一部分则来自创新。将区域能力积累纳入产业升级机制中，在分岔式升级路径的基础上继续考虑创新结点和突变路径选择，进一步扩大了区域产业升级路径选择的多样性。

在区域比较优势的帮助下积累产业升级能力的方式，被称为"遵循比较优势"。遵循比较优势能够支持产业实现渐进式升级，具有幅度小且成本低的特点。本书利用产业密度指标描述产业能够借助区域比较优势的程度。产业密度能够计算一个产业与该地区比较优势产业的平均邻近度，表示该产业与地区要素禀赋的距离。对于一个产业来说，利用本地要素禀赋是积累产业能力的有效手段之一。因此，产业密度越大，产业更能有效地利用本地比较优势，进而有更大的可能性实现产业升级。式（3-11）为产业密度计算公式。

$$\omega_{i,l}=\frac{\sum_j \mathrm{RCA}_{i,l}\phi_{i,j}}{\sum_j \phi_{i,j}} \tag{3-11}$$

此外，一个地区通过能力重置直接放弃原有的产业前进方式，这种突破式升级被称为"偏离比较优势"。创新能够带来新的投入，地区初始能力禀赋可以支撑的最优跳跃距离和最大跳跃距离得到提高，创新成功则意味着能力迅速积累，跨越技术门槛实现突破，具有幅度大且成本高的特点。

为了分析不同产业升级能力积累方式在地区产业升级中的作用，本书建立式（3-12）动态面板回归公式。

$$x_{i,t}=\alpha+\gamma_{x_{i,t-1}}+\gamma_1 x_{i,t-1}\omega_{i,t-1}+\gamma_2(1-x_{i,t-1})\omega_{i,t-1}+u_i+v_t+\varepsilon_{i,t} \tag{3-12}$$

式中，$x_{i,t-1}$ 表示产业升级状态的滞后一期；u_i 表示固定效应；v_t 表示时间效应；而 $\varepsilon_{i,t}$ 表示随机扰动项。

通过产业密度与产业升级之间的关系，可以观察区域产业升级能力积累是遵循还是背离比较优势。区域比较优势具有支持非优势产业实现升级和阻碍优势产业丧失竞争力的双重作用。γ_1 表示产业密度具有支持优势产业维持或扩大竞争优势的作用，γ_2 表示产业密度具有支持非优势产业实现升级的作用。如果 γ_1 与 γ_2 是显著的和积极的，区域优势产业竞争力保持与非优势产业升级均依赖于区域比较优势，那么区域产业升级能力的积累遵循比较优势。相反，不相关或负相关意味着产业升级偏离了地区的比较优势。

综上所述，产业空间的动态演化过程、地区要素禀赋结构的变化过程及区域能力积累方式，三者协同作用于区域产业升级。因此，本书通过具体分析我国产业空间分布异质性及区域要素禀赋和能力积累差异性，研究我国产业升级的区域差异。

第四节　产业升级能力、路径地区差异分析

一、区域生产能力集合与比较优势演化

根据产业升级机制，区域生产能力集合演化引导着产业升级方向。在产品空间密集且具有竞争优势的区域，比处于稀疏部分的区域更容易更新其比较优势的内容，产业结构转型的方向也会呈现出多样性。本书通过比较我国八大经济区 2005—2017 年比较优势动态变化，分析我国产业升级的区域差异（图 3–2）。

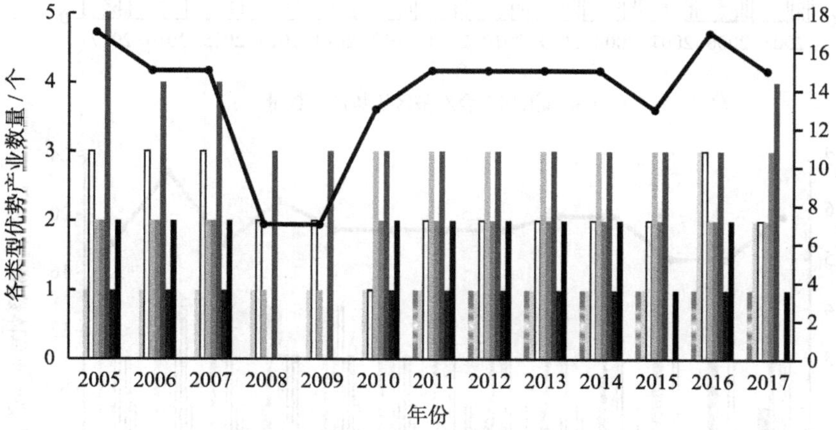

（a）北部沿海综合经济区优势产业数量

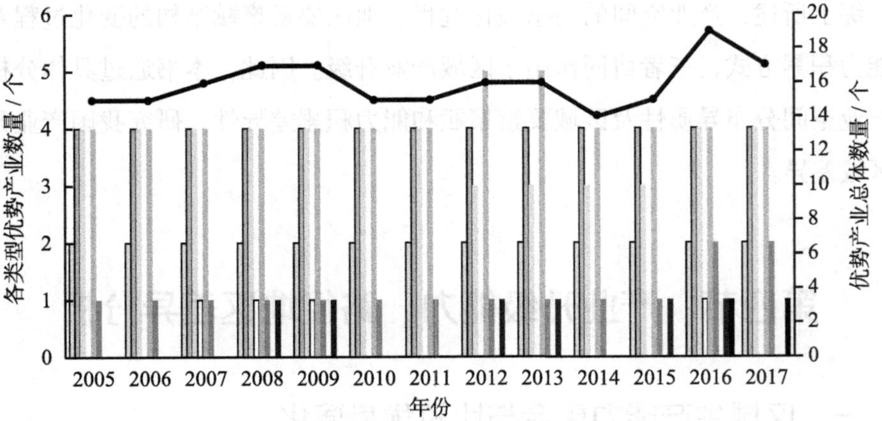

（b）南部沿海综合经济区优势产业数量

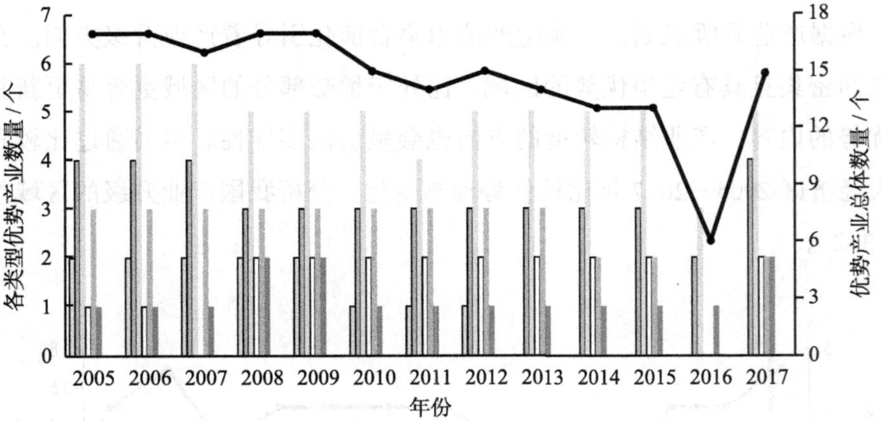

（c）东部沿海综合经济区优势产业数量

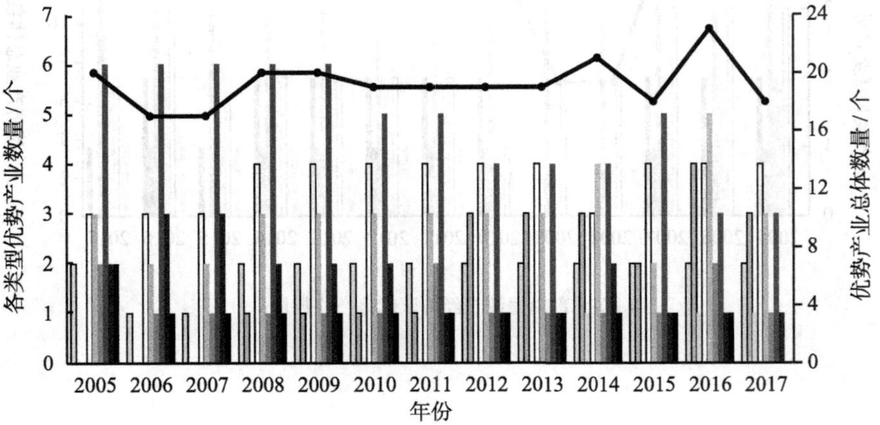

（d）长江中游综合经济区优势产业数量

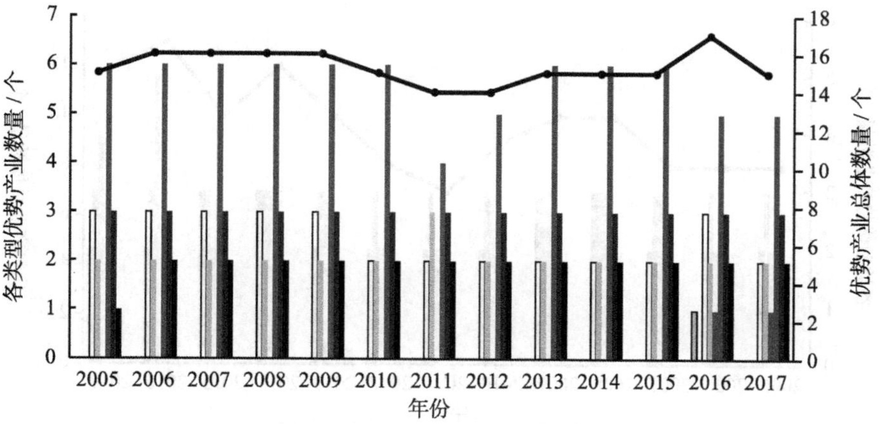

（e）黄河中游综合经济区优势产业数量

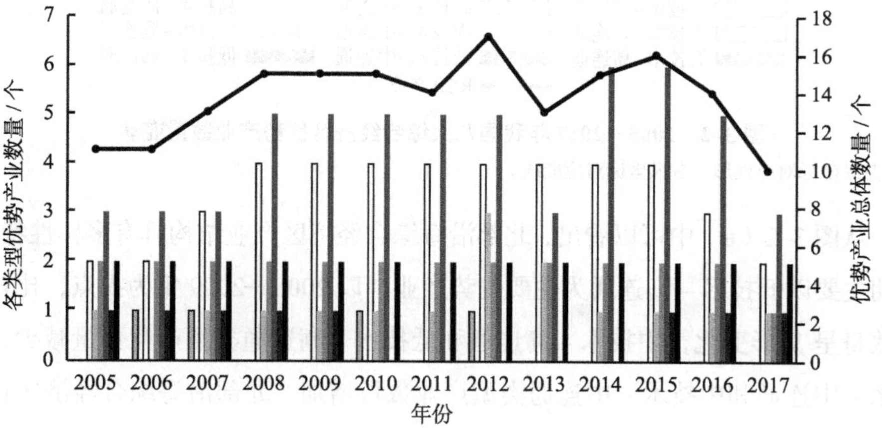

（f）东北综合经济区优势产业数量

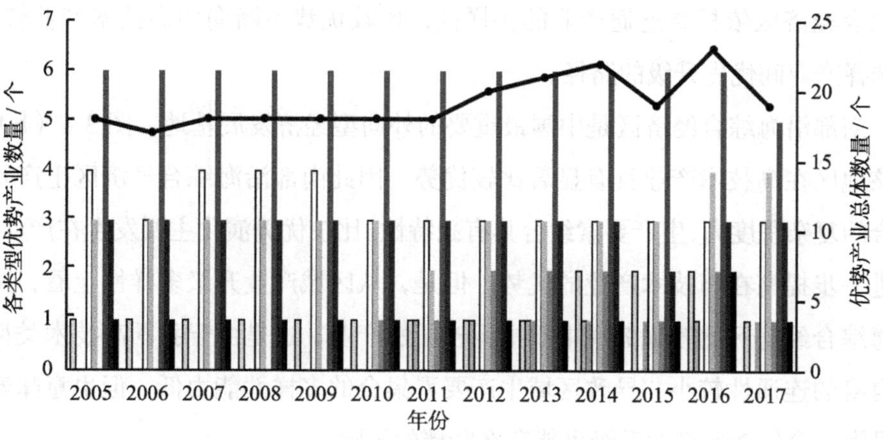

（g）大西南综合经济区优势产业数量

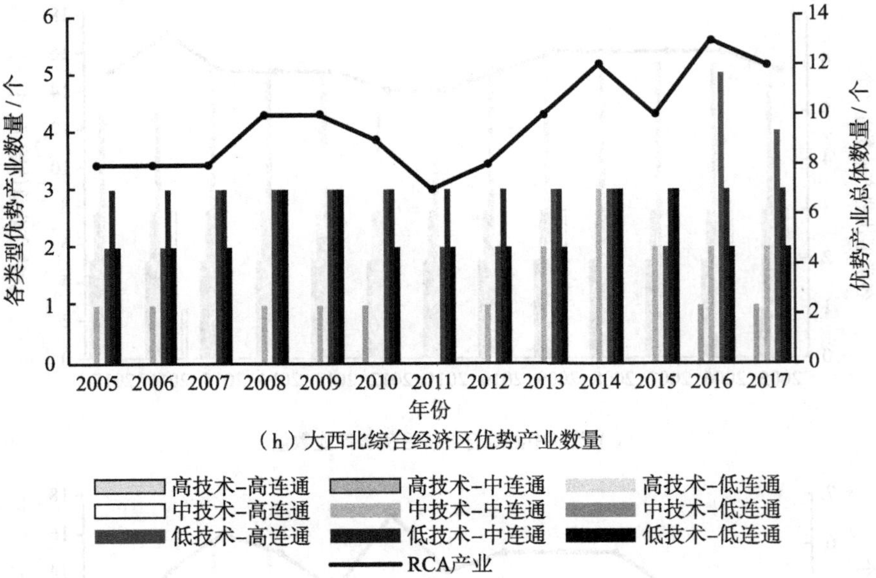

（h）大西北综合经济区优势产业数量

图 3–2　2005—2017 年我国八大综合经济区优势产业数量变动

注：左纵坐标对应柱形，右纵坐标对应曲线。

从图 3–2（a）中可以看出，北部沿海综合经济区产业结构具有多样性特征，前期主要以低技术 – 高连通为主要优势产业，以 2008—2009 年为拐点，比较优势数量呈 V 形变化，中技术 – 高连通和低技术 – 高连通类型产业数量减少，高技术 – 中连通和中技术 – 中连通类型产业数量增加。北部沿海综合经济区在维持产业结构多样性的基础上，生产能力组合的复杂程度有所提高，说明北部沿海综合经济区依托高连通产业的多样性，比较优势不断向中高技术产业转移，可选择产业间优先升级的路径。

南部沿海综合经济区是中国最重要的外向型经济发展基地，图 3–2（b）显示该地区在高技术产业具有显著比较优势，因此南部沿海综合经济区生产要素组合的复杂程度高，生产要素组合具有独特性。比较优势演化主要发生在产业内，可进一步提高在高技术产业的优势。但是，从区域产业升级多样性上看，南部沿海综合经济区比较优势集中于中低连通性产业，这是由于我国高技术类型产业自身的连通性较小，导致区域生产要素集合的多样性能力低，但也意味着南部沿海综合经济区产业升级可能存在断档的风险。

东部沿海综合经济区是最具影响力的多功能制造业中心，是我国高技术比较优势产业最多的区域，在高技术－中连通产业、高技术－低连通产业，以及中技术－低连通产业上具有比较优势［图 3–2（c）］，因此东部沿海综合经济区生产要素组合的技术复杂程度和产业多样性都具有较强的竞争力。开放的环境和丰富的资本使其在孕育高技术产业上具有特殊的区域优势。该区域通过引入外资企业，吸收技术和管理上的溢出，以在开放环境中优化了自身能力模块的升级路径保持其在高技术产业的竞争优势。

长江中游综合经济区拥有丰富的人力资源，是八大经济区中具有比较优势产业数量最多的区域，在中技术－高连通和低技术－高连通的劳动密集型产业上具有竞争力，是我国专业化生产基地。从图 3–2（d）中发现，长江中游地区的低技术－低连通产业数量逐年减少，而高技术－中连通和中技术－中连通的优势产业数量逐渐增加。由于该区域比较优势具有高连通性的特征，因此可选择以吸收、整合及优化地区要素禀赋的方式提升区域生产能力集合的技术复杂程度，比较优势不断向中高技术产业演化。

黄河中游综合经济区是我国最大的煤炭开采和煤炭深加工基地，以采掘、资源深加工、初级加工产品等低技术产业为优势产业。如图 3–2（e）所示，2005—2017 年黄河中游综合经济区比较优势数量比较稳定，但其中 2/3 的优势产业为低技术的资源消耗型产业且没有高技术优势产业，说明黄河中游经济区产业结构比较单一，且技术复杂程度较低，受到资源的约束，比较优势的演化过程缓慢，意味着黄河中游地区产业升级可能陷入了低技术产业的比较优势陷阱。

东北综合经济区是我国设备制造业基地和能源原材料制造基地，图 3–2（f）显示东北地区 2005—2017 年比较优势产业数量先升后降，尤其是 2015 年以后出现快速下滑的现象。东北地区产业结构复杂性比较低，主要是依靠交通运输制造业和医药制造业等中技术－高连通产业及食品制造业和资源深加工等低技术－高连通产业，且没有高技术产业支撑。虽然地区比较优势的多样性功能较强，但是东北综合经济区并没有发挥产业连通性高的优势，并且正逐渐丧失在高连通性产业的优势，导致区域多样性功能下降，产业升级机会减少。由于东北地区在低技术－低连通产业中的生产要素转移到其他更高效产业的难度大，因此长期保持比较优势会导致东北地区产业升级阻力较大，从而陷入比较优势陷阱。

图 3–2（g）显示长期以来大西南综合经济区是我国比较优势产业数量较多的区域，并且比较优势产业分布在产品空间中最密集的高连通区域，区域具有很强的要素整合和资源重置能力。利用区域升级能力多样性，大西南地区比较优势逐渐向高技术产业演化，实现了产业间跨越。2013 年，大西南综合经济区在计算机、通信和其他电子设备制造业上开始具有比较优势，是我国内陆地区最先开始在高技术产业具有长期比较优势的地区。在“一带一路”倡议下，大西南综合经济区实现了产业升级能力的快速积累，可依靠政策导向以本地区坚实的基础设施和完整的制造业体系为核心实现产业升级。

大西北综合经济区则为我国重要的能源接替地区，比较优势产业也主要集中在中低技术产业。图 3–2（h）显示 2005—2017 年大西北地区比较优势产业数量呈上升趋势，中技术－中连通和低技术－高连通数量均有所上升，促进区域比较优势的技术复杂程度和产业升级机会提升。大西北地区的比较优势演化说明“西部大开发”战略引导西部板块承接沿海地区产业转移，提升了大西北地区比较优势的技术复杂程度和多样性功能，为其进一步产业结构升级提供动力。

二、产业升级能力积累方式的区域差异分析

根据产业比较优势演化趋势，“分岔式”产业升级具有两种状态，一种是生产能力的积累达到潜在产业的生产要求发生了产业间升级，表现为产业 RCA 由小于 1 的水平变为大于 1 的水平，并长期保持大于 1 的状态；另一种是生产能力不断积累形成的产业内升级，表现为产业长期保持 RCA 大于 1，并不断扩大显性比较优势水平。而生产能力的积累一部分来源于地区产品空间优势产业能力禀赋的带动作用，即遵循比较优势升级；另一部分来源于创新带来的产业自身要素投入效率的提高或外部环境的改善，即偏离比较优势进行产业升级。受

初始要素禀赋的限制及产业升级能力积累方式差异的影响，我国产业升级活动具有显著的区域差异。表 3–4 显示了我国八大综合经济区生产能力积累方式的动态面板数据模型系统 GMM 回归估计结果，具体结果分析如下。

表 3–4 产业密度与产业比较优势系统 GMM 回归结果

公式	北部沿海综合经济区	东部沿海综合经济区	南部沿海综合经济区	长江中游综合经济区	黄河中游综合经济区	东北综合经济区	大西南综合经济区	大西北综合经济区
γ	0.515*** （47.89）	0.659*** （79.43）	0.266*** （184.18）	0.475*** （146.47）	1.11*** （115.39）	0.619*** （277.48）	1.402*** （207.29）	0.872*** （184.01）
γ_1	–0.837*** （–140.74）	0.767*** （99.10）	1.037*** （173.72）	0.677*** （137.76）	0.276*** （38.93）	0.127*** （72.66）	–0.466*** （–51.27）	–0.050 （–1.49）
γ_2	–0.851*** （–39.55）	1.667*** （76.80）	0.601*** （117.43）	0.880*** （539.10）	1.641*** （71.51）	1.277*** （194.71）	1.379*** （207.92）	1.399*** （42.09）
AR（2）	0.957 [0.34]	1.603 [0.11]	–1.380 [0.17]	–1.052 [0.29]	0.233 [0.82]	–0.920 [0.36]	–0.721 [0.47]	–0.556 [0.58]
Sargan Test	36.506 [0.63]	36.11 [0.85]	36.379 [0.75]	36.878 [0.80]	35.939 [0.65]	36.492 [0.75]	36.208 [0.89]	34.990 [0.88]

注：圆括号内的数值为该系数的 *Z* 值；方括号内的数值为该检验统计量的 *P* 值。

*、**、*** 分别代表参数值在 10%、5%、1% 水平上显著。

北部沿海综合经济区参数均显著为负，这意味着北部沿海地区产业升级不断背离其原有的比较优势，通过创新的方式丰富产业升级能力。为打造中国最具实力的高新技术研发和制造中心，北部沿海综合经济区创新能力的增强提升了其产业转型能力，通过选择偏离比较优势的能力积累方式，利用创新重塑比较优势，优化资源配置，打破了现有的产业结构。

东部沿海、南部沿海和长江中游综合经济区的参数均显著为正。东部沿海综合经济区在培育潜在产业方面的比较优势大于南部沿海和长江中游综合经济区，而南部沿海和长江中游综合经济区比较优势的积累更有助于巩固优势产业的竞争地位。这三个区域选择遵循比较优势的能力积累方式，其中东部沿海和南部沿海综合经济区在高技术型产业具有比较优势，即其以开放的贸易环境、大量的外商投资、优秀的人才储备、大量的研发投入和产业集群为区域比较优势，形成了生产能力组合的独特性。其遵循比较优势的路径既能够支撑优势产业继续维持或扩大其竞争优势，又能够支持非优势产业进行升级。长江中游综合经济区比较优势演化依靠其区域生产能力的多样性，在产业转移过程中更新了地区比较优势的内容，培育了新的竞争优势。

黄河中游和东北综合经济区，γ_1 与 γ_2 是显著积极的，说明这两个区域产业升级能力的积累主要源于比较优势，但区域比较优势对现有优势产业支撑作用比较微弱。从黄河中游和东北综合经济区比较优势产业大多分布在资源密集型、技术含量较低的区域来看，比较优势对产业升级能力的积累作用是有限的。不可持续的比较优势迫使黄河中游和东北地区需要依靠创新突破比较优势陷阱。相反，区域比较优势对非优势产业作用显著，说明以坚实的基础设施和完善的制造体系为核心的路径，为高技术产业提供了基础支持，能够发挥培育潜在优势产业的作用。

西部板块大西南和大西北综合经济区两个区域 γ_1 为负，γ_2 为正，说明区域优势产业的能力积累是偏离比较优势的，而区域非优势产业能力积累遵循比较优势。作为产业转移的主要承接地，选择适度偏离比较优势的产业升级路径，有助于大西南地区产品空间中高密度区域产业继续保持其活力，利用高连通性的产业灵活性强的特征，加快整合迁入产业生产能力。

三、产业升级路径选择的区域差异分析

根据前述 γ_1 与 γ_2 的结果，可以将八大经济区域产业升级路径分为四种类型。第一种类型为优势产业和非优势产业升级均遵循比较优势；第二种类型为比较优势推动非优势产业升级，即创新驱动优势产业升级；第三种类型与第二种类型产业升级能力积累方式相反；第四种类型的区域，两种产业升级均偏离地区优势。

如图 3–3 所示，从沿海到内陆，第一梯队分布在对外开放程度高的东部和南部沿海地区及长江流域，第二梯队分布在黄河流域、东北地区、西北地区、西南地区，第三梯队分布在依靠沿海地区投资和技术转移的内陆或依靠区域资源发展的地区，第四梯队分布在北部沿海地区。近年来，中国沿海发达地区通过产业转移促进了中西部地区的经济发展。沿海地区作为雁阵的头雁，通过提供资本、货物和技术，将失去比较优势的产业转移到经济水平相对较低的地区。因此，要形成区域间协同发展的“雁阵”模式，“头雁”必须具备持续创新的能力，才能带动整个雁群起飞。

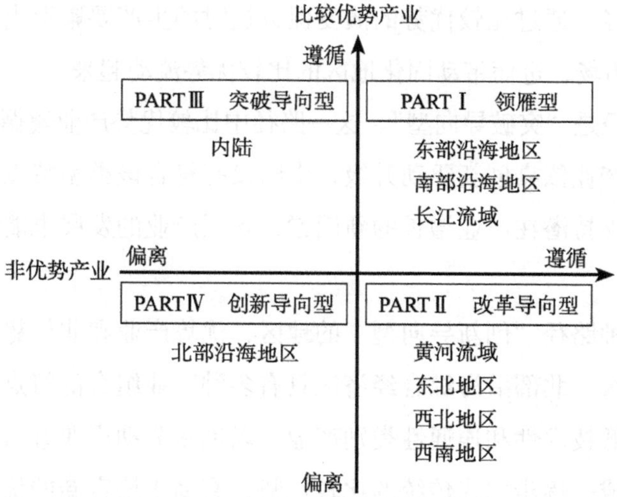

图 3–3　区域产业升级路径选择模型

“领雁型”地区选择第一种路径，分布在东南沿海，是我国实现产业转移、区域协调发展的领导者。东部和南部沿海综合经济区融入全球价值链的程度最深，优势产业和潜在产业均得到了发展，形成了新的稳定的经济增长点。在这八个区域中，东部沿海地区每年的研发投入最多。随着人均国内生产总值的不断提高，东南沿海地区为了保持其在高技术行业的竞争优势，放弃了随着我国产品空间演化逐步变为低技术产业的行业，把生产要素释放给了更高级的生产部门。高附加值产品具有更强的生产优势，在重塑地区比较优势的同时，也带来了收益。

黄河中游、东北、大西南和大西北综合经济区均选择“改革导向型”的升级路径。改革改变了产业结构，创新则重塑了比较优势。东北、黄河中游综合经济区和西部板块的优势产业从其比较优势中得到的回报较少。过去发展过程中，政策的倾斜、大规模投资和能源消耗使地区受益，但这些投资和能源消耗产生了路径依赖。低技术－低连通性产业将东北和黄河中游经济区拉入比较优势陷阱，减缓了这些地区的经济增长。黑龙江、吉林、辽宁和山西等经济增速为负的省份均处于东北、黄河中游综合经济区。因此，这些地区应选择利用本地基础培育潜在优势产业，帮助成长期的产业加快跨越升级距离，选择产业间升级的优先路径。通过比较优势的演变促进过时的生产要素退出市场，有助于新兴产业进入市场，进而带动固化地区的比较优势流动起来。

第三种路径是“突破导向型”。这一路径中比较优势产业遵循比较优势进行升级，非优势产业依靠创新驱动升级，中国没有符合该类型特点的区域。该类型区域探讨了支持潜在产业增长的新因素，新兴产业的发展也能够协同主导产业共同发展。

选择第四种路径“创新导向型”的地区，优势产业和非优势产业均依靠创新驱动产业升级。北部沿海综合经济区具有多种产业组合的特点，优势产业涵盖了高、中、低技术性和连通性类别产业。以创新驱动产业升级，创新促进新的比较优势形成，逐步取代传统的比较优势，有助于培育新的优势产业。这种突破行为的产业升级路径，克服了区域生产要素的局限性，有助于高级生产要素取代低级生产要素。

第五节　小　结

本书根据 2005—2017 年中国产品空间、区域生产能力集合及其积累方式的动态演化过程，分析产业能力与区域比较优势的互动效应；基于产品空间理论研究我国产业升级路径差异，发现我国产品空间的异质性分布、区域生产能力集合演化及区域能力积累方式，均协同作用于我国产业升级区域差异。

一方面，我国区域经济发展不平衡的根源在于地区要素禀赋的差异。由于地理位置和自然资源的差异，各地区生产要素集合不同。综合考虑区域初始能力和产品空间的异质性，各地区优先升级的目标产业不同。一部分优先选择向高端生产链条进行跨链升级的产业升级模式，一部分则优先选择在本产业链条进行地位攀升的产业升级模式。例如，南部沿海综合经济区选择了利用比较优势优先进行链内升级的产业升级路径，保持了原有比较优势产业不失势，将产业链低端环节转移到其他具有劳动成本优势的地区，释放生产要素流向高端环节；而东部沿海综合经济区则选择利用比较优势不断培养潜在优势产业的升级路径。即使产品空间自身演化过程改变了产业的要素禀赋结构，东部沿海也能够通过产业转移，驱动生产要素流向更高端的生产链条，保持其在高技术产业的优势地位。

另一方面，产业升级是地区分工和能力积累的协同作用。能力积累部分来自区域比较优势的转变，而另一部分主要来自创新，因此有遵循比较优势和偏离比较优势两种产业升级能力。“双元式”区域产业能力积累方式的选择，可以解释区域产业升级的差异性。以东南沿海综合经济区为代表的地区选择“领雁型”升级路径，遵循先进技术和开放环境的区域优势进行产业升级。黄河中游、东北、大西南和大西北综合经济区的比较优势对区域优势产业的能力扩张作用微弱，但对潜在优势产业的培育作用显著，因此这些地区需要平衡产业升级“双元式”能力积累的关系，选择适当偏离比较优势的产业升级路径，即选择“改革导向型”升级路径，依靠改革促进过时的生产要素退出市场，利用本地优势培育潜在优势产业，进而带动固化的地区优势流动起来；北部沿海综合经济区选择“创新导向型”升级路径偏离比较优势，依靠创新驱动产业升级。

第四章　东北地区产业比较优势演化分析

比较优势演化路径决定地区产业升级路径，地区产业升级的实质就是改变比较优势，使其向更高层次的方向发展。为了分析具体地区产业升级路径选择，本书以东北地区为例，研究产业升级路径方向及选择问题。东北地区各产业因其比较优势不同，未来的演化路径及升级路径也有所差异。本章着眼于东北地区工业产业的比较优势，分析其未来的演化路径，为寻找东北地区产业升级路径指引方向。

第一节　东北地区产业显性比较优势分析

一、东北地区各产业显性比较优势对比

本书根据东北地区各产业的比较优势水平在八大综合经济区中的位置确定排名，并通过分析 37 类产业 2005—2015 年在八大综合经济区的排名（表 4–1），找出东北地区各产业的发展水平及差距。

表 4–1　东北地区产业比较优势 2005—2015 年在八大综合经济区的排名

产业	2005 年	2006 年	2007 年	2008 年	2009 年	2010 年	2011 年	2012 年	2013 年	2014 年	2015 年
交通运输设备制造业	2	2	1	1	1	1	1	1	1	1	1
黑色金属矿采选业	2	2	1	1	1	1	1	1	1	1	1

续表

产业	2005 年	2006 年	2007 年	2008 年	2009 年	2010 年	2011 年	2012 年	2013 年	2014 年	2015 年
木材加工和木、竹、藤、草制品业	2	2	2	2	1	1	1	1	1	1	1
农副食品加工业	3	3	1	1	1	1	1	1	1	1	1
医药制造业	3	3	3	3	3	2	2	1	1	1	1
石油加工、炼焦和核燃料加工业	2	2	2	2	2	2	2	2	2	2	2
石油和天然气开采业	2	2	2	2	2	2	2	2	2	2	2
通用设备制造业	2	2	2	2	1	1	2	1	2	2	3
非金属矿采选业	6	5	5	4	4	3	3	3	3	3	3
家具制造业	3	3	2	4	3	3	4	4	4	4	4
专用设备制造业	5	4	3	2	2	2	2	2	3	2	4
食品制造业	5	4	4	4	3	3	3	3	5	5	4
饮料制造业	5	5	5	4	4	4	4	4	4	4	4
水的生产和供应业	5	5	5	6	5	4	6	3	4	5	4
非金属矿物制造业	6	6	6	3	4	4	4	2	3	2	4
黑色金属冶炼和压延加工业	2	4	4	4	3	3	3	4	5	5	5
橡胶和塑料制品业	5	4	4	5	4	4	4	4	3	4	5
金属制品业	5	5	5	4	4	4	4	4	4	4	5
有色金属矿采选业	6	6	5	5	5	5	5	5	5	5	5

续表

产业	2005年	2006年	2007年	2008年	2009年	2010年	2011年	2012年	2013年	2014年	2015年
纺织服装、鞋帽制造业	5	5	5	4	5	5	5	5	5	6	6
煤炭开采与洗选业	5	6	6	5	6	6	6	6	6	6	6
热力电力生产及供应业	5	5	5	6	6	7	7	7	7	7	4
化学原料和化学制品制造业	5	5	6	6	6	5	6	5	6	6	6
仪器仪表制造业	6	7	7	7	7	6	6	5	6	6	6
电器机械和器材制造业	6	6	6	5	5	5	5	5	5	6	8
化学纤维制造业	2	3	4	4	4	7	6	6	7	6	7
计算机、通信和其他电子设备制造业	6	5	6	6	6	6	6	7	7	7	7
工艺品及其他制造业	7	7	7	6	6	7	8	6	7	6	7
废弃资源综合利用业	7	5	4	5	6	7	6	6	7	7	7
文教、体育用品制造业	6	6	6	6	6	6	5	6	7	7	7
烟草制品业	7	7	7	7	7	7	7	7	7	7	6
造纸和纸制品业	7	8	7	7	7	7	7	7	7	7	7
印刷和记录媒介复制业	7	7	7	7	7	7	7	7	7	7	7
皮革、毛皮、羽毛及其制品业	6	7	7	7	7	7	7	7	7	7	7

续表

产业	2005 年	2006 年	2007 年	2008 年	2009 年	2010 年	2011 年	2012 年	2013 年	2014 年	2015 年
煤气生产和供应业	5	7	8	8	8	8	7	7	7	8	8
有色金属冶炼和压延加工业	8	8	8	7	8	8	8	8	8	8	8
纺织业	8	8	8	8	8	8	8	8	8	8	8

（一）东北地区各产业显性比较优势比较

从表 4–1 分析东北地区各产业比较优势综合排名情况可知，东北地区的交通运输设备制造业、黑色金属矿采选业，木材加工和木、竹、藤、草制品业，农副食品加工业，医药制造业 5 个产业的比较优势处于全国上游水平；工艺品及其他制造业，废弃资源综合利用业，热力电力生产及供应业，煤气生产和供应业，仪器仪表制造业，计算机、通信和其他电子设备制造业，烟草制品业，纺织业，有色金属冶炼和压延加工业，印刷和记录媒介复制业，造纸和纸制品业 11 个产业处于全国下游水平。整体来看，东北地区部分传统资源型产业仍具有比较优势，东北地区要继续保持这些产业的比较优势，就要大力推进传统资源型产业的产业内升级，盲目转型往往会使优势产业丧失原有的竞争力。

（二）东北地区各产业显性比较优势发展趋势

由表 4–1 可知，农副食品加工业、医药制造业、非金属矿物制造业、专用设备制造业及非金属矿采选业上升趋势明显。其中，非金属矿物制造业和非金属矿采选业上升趋势尤为突出，晋升至全国上游水平；专用设备制造业也由中游上升至上游；一直处于全国上游水平的农副食品加工业和医药制造业的比较优势上升状况更加突出，其排名由第 3 位上升至第 1 位，并且近几年一直保持领先优势水平。比较优势排名下降趋势明显的是黑色金属冶炼和压延加工业、化学纤维制造业，由上游水平下降至中下游水平。热力电力生产及供应业比较优势多年连续下降，但在2015年出现上升趋势，比较优势由第7位上升至第4位。

二、东北地区优势产业现状分析

（一）东北地区优势产业数量及比例变化

本章以具有显性比较优势的产业代表优势产业，对八大地区的优势产业整体数量进行比较，进而根据东北地区优势产业数量的变化情况，分析东北地区显性比较优势产业的发展现状及发展趋势。

本部分数据是不区分产业类别、产业类型得到的，并通过显性比较优势产业数量在八大综合经济区的排名，找出东北地区比较优势的总体水平及差距。

从东北地区显性比较优势产业数量2005—2015年在八大综合经济区的排名（表4–2）可以看出，2008年以前，东北地区显性比较优势的产业数量在八大综合经济区处于中下游水平，位列第4位或第5位；从2009年开始，东北地区的比较优势水平有了整体的提升，除2011年、2013年外，其余年份均跃进前3位水平，说明东北地区的各产业整体发展较快，并且2015年东北地区的产业具有显性比较优势的数量超过北部沿海综合经济区、东部沿海综合经济区、南部沿海综合经济区及黄河中游综合经济区。

表4–2　东北地区显性比较优势产业数量2005—2015年在八大综合经济区的排名

地区	2005年	2006年	2007年	2008年	2009年	2010年	2011年	2012年	2013年	2014年	2015年
北部沿海综合经济区	3	3	4	6	5	4	3	5	4	3	5
东部沿海综合经济区	3	1	3	3	4	3	4	5	5	5	5

续表

地区	2005年	2006年	2007年	2008年	2009年	2010年	2011年	2012年	2013年	2014年	2015年
南部沿海综合经济区	4	3	3	3	4	3	3	4	3	4	4
黄河中游综合经济区	4	2	3	4	4	3	4	6	4	3	4
长江中游综合经济区	1	1	2	1	1	1	1	2	2	2	2
大西南综合经济区	2	1	1	2	2	2	2	1	1	1	1
大西北综合经济区	6	5	6	5	6	5	5	7	7	6	6
东北综合经济区	5	4	5	4	3	3	4	3	6	3	3

从东北三省显性比较优势产业数量看（表4–3），2005年，东北三省中吉林省的优势产业数量相对较多，高于辽宁省和黑龙江省，处于三省之首；但从2006年开始，辽宁省的优势产业数量开始逐渐增多，并一跃超过吉林省和黑龙江省，排到首位，吉林省次之，黑龙江省最后；到2008年，辽宁省的优势产业数量已达到14个，较2005年增加了5个，大大超过吉林省和黑龙江省；之后，辽宁省一直保持领先水平，优势产业的数量也保持在14个左右；从2013年开始，吉林省的优势产业数量开始大幅度减少，并落后于黑龙江省，降为三省的最末位；2015年，辽宁省的领先优势也开始缩小，优势产业数量降为12个，仅比排在第2位的黑龙江省的优势产业数量多1个，比最末位的吉林省多3个。

表 4–3　东北三省显性比较优势产业数量

单位：个

地区	2005 年	2006 年	2007 年	2008 年	2009 年	2010 年	2011 年	2012 年	2013 年	2014 年	2015 年
辽宁省	9	12	12	14	14	14	14	13	14	14	12
吉林省	11	10	14	12	11	12	13	15	10	9	9
黑龙江省	9	9	10	11	10	11	10	10	11	9	11

图 4–1 显示了未区分产业类别的各地区显性比较优势产业比例的变化，本部分的分析数据是根据各地区显性比较优势产业的数量所占的比例计算得到的，通过与其他综合经济区变化趋势的比较梳理东北地区目前整体的产业发展趋势。

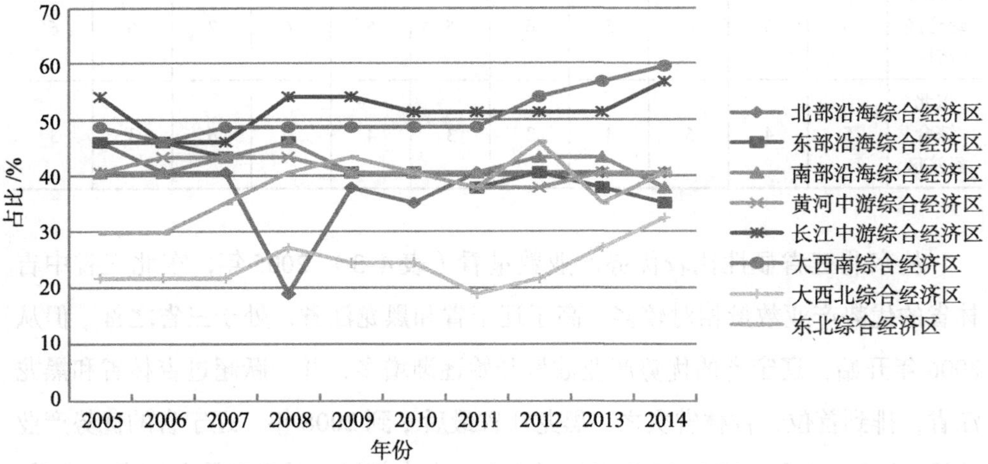

图 4–1　八大地区显性比较优势产业比例变化

从八大地区显性比较优势产业比例变化可知，北部沿海综合经济区和东部沿海综合经济区呈下降趋势，黄河中游综合经济区、长江中游综合经济区及南部沿海综合经济区变化趋势不明显，东北综合经济区、大西南综合经济区和大西北综合经济区呈上升趋势，十年间总体趋势呈现沿海发达地区显性比较优势产业数量有所下降，西部及东北部地区优势产业数量有所增加的变化趋势，说明当时全国范围内的产业转移正在发生，这也验证了张其仔（2014）得出的中国已发生雁阵模式产业升级现象这一结论，而东北地区已是承接产业转移的重要承接区域。

从东北地区显性比较优势变化趋势看，东北地区的优势产业数量显著增加，上升趋势明显，显性比较优势产业比例从2005年的29.7%上升到2014年的40.5%，整体上升10.8个百分点。从东北地区显性比较优势各阶段具体变化趋势看，“十一五”时期，东北地区显性比较优势产业数量稳定上升，比较优势产业数量逐渐增加，承接产业转移的规模不断扩大；而进入“十二五”时期，东北地区的显性比较优势产业的数量变化呈现波动状态，有些年份显性优势产业的数量减少，有些年份显性优势产业的数量增加，整体平均水平高于“十一五”时期平均水平，但较“十一五”末期有所减少。

从东北三省显性比较优势产业比例变化可知（图4–2），吉林、辽宁和黑龙江三省的变化有一定差别。黑龙江省的优势产业数量在2008年上升趋势较为明显，由24%上升到29%，增加5个百分点，2008年之后，优势产业的数量变化呈波动趋势，有升有降。辽宁省的优势产业数量比例在“十一五”期间有显著提高，特别是2005—2008年，优势产业的比例从24%上升到37%，短短三年时间上升13个百分点，但之后很长一段时间里，辽宁省的优势产业数量并没有太大的变化，直到2015年，辽宁省的优势产业数量有所下降，下降到32%。吉林省的优势产业数量波动幅度较大，在2007年和2012年达到峰值，优势产业的比例接近40%，在2006年、2009年和2015年达到谷底。总体来看，吉林省“十一五”期间优势产业的数量变化属周期性波动，到“十一五”末又回到初期水平；“十二五”时期优势产业的数量有一定幅度的变化，“十二五”初期，优势产业的数量开始有所增加，比例上升到40%，但之后优势产业的比例不断下降，并且下降趋势尤为明显，到2015年优势产业比例降至24%，远低于其他地区。

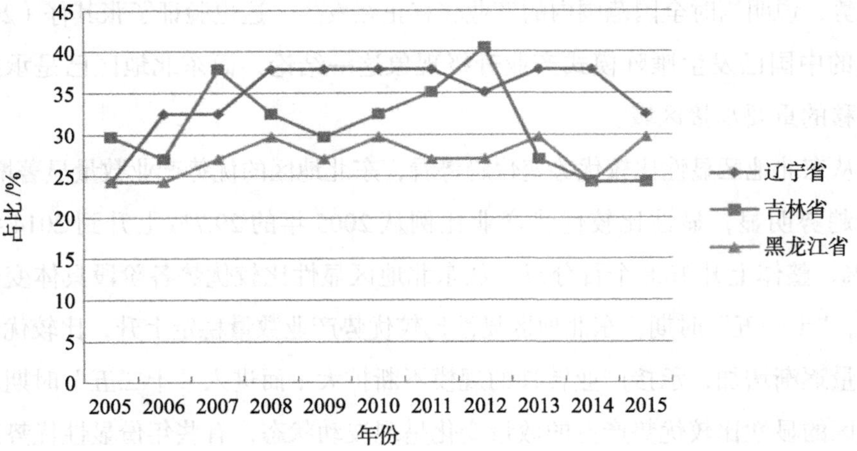

图 4–2　东北三省显性比较优势产业比例变化

（二）东北地区优势产业类别变化

从东北地区 2005—2015 年优势产业类别变化情况看（表 4-4），石油和天然气开采业，黑色金属矿采选业，农副食品加工业，木材加工和木、竹、藤、草制品业，石油加工、炼焦和核燃料加工业，医药制造业，通用设备制造业，交通运输设备制造业 8 个产业是东北地区自 2005 年以来一直具有显性比较优势的产业；黑色金属冶炼和压延加工业除 2013 年外均具有显性比较优势；食品制造业和专用设备制造业自 2007 年以来一直处于优势水平；非金属矿物制造业和非金属矿采选业自 2008 年以来一直具有显性比较优势；而家具制造业和热力电力生产及供应业在东北地区已逐渐失去比较优势，其中家具制造业从 2012 年开始在东北地区不具有显性比较优势，热力电力生产及供应业 2009—2014 年均不具有比较优势，只有 2015 年显性比较优势大于 1，但优势水平仍处于较低位置；有色金属矿采选业在 2009 年具有比较优势后一直处于非优势水平，但 2014 年又开始具有显性比较优势；水的生产和供应业在东北地区仅有少数年份（2005 年、2012 年）具有显性比较优势；橡胶和塑料制品业仅在 2012 年和 2013 年具有显性比较优势。

表 4–4　东北地区 2005—2015 年优势产业类别变化

年份	优势产业类别代码
2005	07、08、13、20、25、27、31、34、36、44、46
2006	07、08、13、20、21、25、27、31、34、36、44
2007	07、08、13、14、20、21、25、27、31、34、35、36、44
2008	07、08、10、13、14、15、20、25、27、30、31、34、35、36、44
2009	07、08、09、10、13、14、15、20、21、25、27、30、31、34、35、36
2010	07、08、10、13、14、15、20、21、25、27、30、31、34、35、36
2011	07、08、10、13、14、15、20、25、27、30、31、34、35、36
2012	07、08、10、13、14、15、20、21、25、27、29、30、31、34、35、36、46
2013	07、08、10、13、14、20、25、27、29、30、34、35、36
2014	07、08、09、10、13、14、15、20、25、27、30、31、34、35、36
2015	07、08、09、10、13、14、15、20、25、27、30、31、34、35、36、44

注：按照国民经济行业分类与代码（GB/4754—2011），产业类别代码依次代表的是：06 煤炭开采与洗选业；07 石油和天然气开采业；08 黑色金属矿采选业；09 有色金属矿采选业；10 非金属矿采选业；13 农副食品加工业；14 食品制造业；15 饮料制造业；16 烟草制品业；17 纺织业；18 纺织服装、鞋帽制造业；19 皮革、毛皮、羽毛及其制品业；20 木材加工和木、竹、藤、草制品业；21 家具制造业；22 造纸和纸制品业；23 印刷和记录媒介复制业；24 文教、体育用品制造业；25 石油加工、炼焦和核燃料加工业；26 化学原料和化学制品制造业；27 医药制造业；28 化学纤维制造业；29 橡胶和塑料制品业；30 非金属矿物制造业；31 黑色金属冶炼和压延加工业；32 有色金属冶炼和压延加工业；33 金属制品业；34 通用设备制造业；35 专用设备制造业；36 交通运输设备制造业；38 电器机械和器材制造业；39 计算机、通信和其他电子设备制造业；40 仪器仪表制造业；41 工艺品及其他制造业；42 废弃资源综合利用业；44 热力电力生产及供应业；45 煤气生产和供应业；46 水的生产和供应业。

从辽宁省 2005—2015 年具有显性比较优势的产业类别看（表 4–5），黑色金属矿采选业，非金属矿采选业，农副食品加工业，石油加工、炼焦和核燃料加工业，非金属矿物制造业，黑色金属冶炼和压延加工业，通用设备制造业，专用设备制造业，交通运输设备制造业 9 个产业基本一直具有显性比较优势；有色金属矿采选业一直具有不稳定的显性比较优势；橡胶和塑料制品业、金属制品业 2 个产业在 2005—2008 年不是优势产业，但之后一直具有显性比较优势；木材加工和木、竹、藤、草制品业及家具制造业 2 个产业最开始不具有显性比较优势，但进入"十一五"中期，开始具有显性比较优势，并且优势状态一直保持到 2014 年。

表 4–5 辽宁省 2005—2015 年优势产业类别

年份	优势产业类别代码
2005	07、08、09、13、25、31、34、35、36、46
2006	07、08、10、13、21、25、30、31、34、35、36、46
2007	07、08、13、20、21、25、30、31、34、35、36
2008	07、08、10、13、20、21、25、29、30、31、33、34、35、36
2009	08、09、10、13、20、21、25、29、30、31、33、34、35、36
2010	08、10、11、20、21、25、29、30、31、33、34、35、36
2011	08、09、10、13、20、21、25、29、30、31、33、34、35、36
2012	08、10、13、20、21、25、29、30、31、33、34、35、36
2013	08、09、10、13、20、21、25、29、30、31、33、34、35、36
2014	07、08、09、10、13、14、15、20、25、27、30、31、34、35、36
2015	07、08、09、10、13、14、15、20、25、27、30、31、34、35、36、44

注：按照国民经济行业分类与代码（GB/4754—2011），产业类别代码依次代表的是：06 煤炭开采与洗选业；07 石油和天然气开采业；08 黑色金属矿采选业；09 有色金属矿采选业；10 非金属矿采选业；13 农副食品加工业；14 食品制造业；15 饮料制造业；16 烟草制品业；17 纺织业；18 纺织服装、鞋帽制造业；19 皮革、毛皮、羽毛及其制品业；20 木材加工和木、竹、藤、草制品业；21 家具制造业；22 造纸和纸制品业；23 印刷和记录媒介复制业；24 文教、体育用品制造业；25 石油加工、炼焦和核燃料加工业；26 化学原料和化学制品制造业；27 医药制造业；28 化学纤维制造业；29 橡胶和塑料制品业；30 非金属矿物制造业；31 黑色金属冶炼和压延加工业；32 有色金属冶炼和压延加工业；33 金属制品业；34 通用设备制造业；35 专用设备制造业；36 交通运输设备制造业；38 电器机械和器材制造业；39 计算机、通信和其他电子设备制造业；40 仪器仪表制造业；41 工艺品及其他制造业；42 废弃资源综合利用业；44 热力电力生产及供应业；45 煤气生产和供应业；46 水的生产和供应业。

从吉林省 2005—2015 年具有显性比较优势的产业情况看（表 4–6），吉林省的优势产业数量明显低于辽宁省，并且很多产业的优势水平很不稳定。从吉林省具有显性比较优势的产业变化趋势看，石油和天然气开采业，黑色金属矿采选业，农副食品加工业，饮料制造业，木材加工和木、竹、藤、草制品业，医药制造业，交通运输设备制造业 7 个产业一直具有显性比较优势；在“十一五”前期，有色金属矿采选业、非金属矿物制造业 2 个产业均不具有显性比较优势，但进入“十二五”后期，优势水平有了明显的提高，其中非金属矿物制造业从 2008 年开始具有显性比较优势，有色金属矿采选业从 2010 年开始具有显性比较优势，并且优势水平一直保持；非金属矿采选业和食品制造业的优势状态与前两者有相似之处，都是最初不具有显性比较优势，之后优势水平逐渐提高，逐步具有显性比较优势并保持多年，但不同之处是非金属矿采选业和食品制造业在保持了几年比较优势之后，又失去了比较优势，回到了原有的不具有显性比较优势状态；吉林省的很多产业发展不连续，如烟草制品业、化学纤维制造业、废弃资源综合利用业、热力电力生产及供应业、煤气生产和供应业、水的生产和供应业，这些产业只在某一年或某几年具有显性比较优势，并没有将优势水平延续下去。

表 4–6 吉林省 2005—2015 年优势产业类别

年份	优势产业类别代码
2005	07、08、13、15、20、26、27、28、36、45、46
2006	07、08、13、15、20、26、27、36、42、44
2007	07、08、10、13、14、15、16、20、26、27、28、36、42、44
2008	07、08、10、13、14、15、20、26、27、30、36、42
2009	07、08、10、13、15、20、26、27、30、36、46
2010	07、08、09、10、13、14、15、20、26、27、30、36
2011	07、08、09、10、13、14、15、21、26、27、30、36、46
2012	07、08、09、10、13、14、15、20、26、27、30、35、36、45、46
2013	07、08、09、10、13、15、20、26、27、30、35、36
2014	07、08、09、13、15、20、26、27、30、35、36
2015	07、08、09、13、15、20、26、27、30、35、36

注：按照国民经济行业分类与代码（GB/4754—2011），产业类别代码依次代表的是：06 煤炭开采与洗选业；07 石油和天然气开采业；08 黑色金属矿采选业；09 有色金属矿采选业；10 非金属矿采选业；13 农副食品加工业；14 食品制造业；15 饮料制造业；16 烟草制品业；17 纺织业；18 纺织服装、鞋帽制造业；19 皮革、毛皮、羽毛及其制品业；20 木材加工和木、竹、藤、草制品业；21 家具制造业；22 造纸和纸制品业；23 印刷和记录媒介复制业；24 文教、体育用品制造业；25 石油加工、炼焦和核燃料加工业；26 化学原料和化学制品制造业；27 医药制造业；28 化学纤维制造业；29 橡胶和塑料制品业；30 非金属矿物制造业；31 黑色金属冶炼和压延加工业；32 有色金属冶炼和压延加工业；33 金属制品业；34 通用设备制造业；35 专用设备制造业；36 交通运输设备制造业；38 电器机械和器材制造业；39 计算机、通信和其他电子设备制造业；40 仪器仪表制造业；41 工艺品及其他制造业；42 废弃资源综合利用业；44 热力电力生产及供应业；45 煤气生产和供应业；46 水的生产和供应业。

从黑龙江省2005—2015年具有显性比较优势的产业变化情况看（表4–7），煤炭开采与洗选业，石油和天然气开采业，农副食品加工业，食品制造业，饮料制造业，木材加工和木、竹、藤、草制品业，石油加工、炼焦和核燃料加工业，医药制造业，热力电力生产及供应业9个产业基本一直具有显性比较优势；“十一五”期间，黑龙江省的煤气生产和供应业不具有显性比较优势，但进入“十二五”后，优势水平开始显现。从2010年开始，煤气生产和供应业具有显性比较优势；通用设备制造业、专用设备制造业2个产业不是黑龙江省的优势产业，“十一五”中后期才开始具有显性比较优势，但进入“十二五”又失去了比较优

表4–7 黑龙江省2005—2015年优势产业类别

年份	优势产业类别代码
2005	06、07、13、14、15、20、25、27、44
2006	06、07、13、14、15、25、27、34
2007	06、07、13、14、15、27、34、45
2008	06、07、13、14、15、20、25、27、34、35、44
2009	06、07、13、14、15、20、25、27、35、44
2010	06、07、13、14、15、20、25、27、44、45、46
2011	06、07、13、14、15、20、25、27、44、45
2012	06、07、13、14、15、20、25、27、44、45
2013	06、07、13、14、15、16、5、27、44、45
2014	07、13、14、15、20、25、27、44、45
2015	06、07、13、14、15、16、25、27、44、45

注：按照国民经济行业分类与代码（GB/4754—2011），产业类别代码依次代表的是：06煤炭开采与洗选业；07石油和天然气开采业；08黑色金属矿采选业；09有色金属矿采选业；10非金属矿采选业；13农副食品加工业；14食品制造业；15饮料制造业；16烟草制品业；17纺织业；18纺织服装、鞋帽制造业；19皮革、毛皮、羽毛及其制品业；20木材加工和木、竹、藤、草制品业；21家具制造业；22造纸和纸制品业；23印刷和记录媒介复制业；24文教、体育用品制造业；25石油加工、炼焦和核燃料加工业；26化学原料和化学制品制造业；27医药制造业；28化学纤维制造业；29橡胶和塑料制品业；30非金属矿物制造业；31黑色金属冶炼和压延加工业；32有色金属冶炼和压延加工业；33金属制品业；34通用设备制造业；35专用设备制造业；36交通运输设备制造业；38电器机械和器材制造业；39计算机、通信和其他电子设备制造业；40仪器仪表制造业；41工艺品及其他制造业；42废弃资源综合利用业；44热力电力生产及供应业；45煤气生产和供应业；46水的生产和供应业。

势；黑龙江省的烟草制品业、水的生产和供应业在十年的时间里，仅有一两年具有显性比较优势，其余年份均不具有显性比较优势。

第二节　东北地区产业显性比较优势演化及趋势分析

一、东北地区各产业类型比较优势演化

（一）东北地区优势产业所属类型

根据东北地区产业显性比较优势水平及均衡优势状态各时期的发展变化，得出东北地区的优势产业共14个，分别是通用设备制造业，交通运输设备制造业，食品制造业，专用设备制造业，黑色金属冶炼和压延加工业，非金属矿采选业，非金属矿物制造业，农副食品加工业，饮料制造业，医药制造业，木材加工和木、竹、藤、草制品业，黑色金属矿采选业，石油和天然气开采业，石油加工、炼焦和核燃料加工业。

从优势产业分布的类型看，东北地区的优势产业主要集中分布于低技术－高连通类型，该类型产业有6个，占东北地区优势产业数量的43%；其余优势产业基本平均分布于其他各类型产业中，其中低技术－低连通类型1个、低技术－中连通类型1个、中技术－低连通类型1个、中技术－中连通类型2个、中技术－高连通类型1个、高技术－低连通类型1个、高技术－中连通类型1个。东北地区的优势产业主要集中于高连通类型的产业，说明东北地区产业的比较优势主要来自产业与产业之间的连通水平，而不是技术上带来的优势，即产业之间的布局、匹配度及地区资源禀赋之间的匹配度对东北地区比较优势的影响巨大。

一个地区应划入哪种类型，由其占最大比例的具有显性比较优势的产业决定。从八大地区2005—2015年产业类型情况看（表4–8），北部沿海综合经济

区和东部沿海综合经济区的产业升级较为成功，北部沿海综合经济区成功从低技术－高连通升级为中技术－高连通，东部沿海综合经济区成功从高技术－低连通升级为高技术－低连通与高技术－中连通并存，而其他地区的产业类型上升效果并不尽如人意。

东北综合经济区除2007年升级为中技术－中连通和低技术－高连通并存状态外，其余年份均处于以低技术－高连通为主的产业状态，并且趋势越发明显。

表4–8　八大地区2005—2015年产业类型变化情况

地区	2005年	2006年	2007年	2008年	2009年	2010年	2011年	2012年	2013年	2014年	2015年
北部沿海综合经济区	— — L–H	— — L–H	— — L–H	— M–M L–H	M–H — L–H	M–H — —	M–H — —	M–H — —	M–H — —	M–H — —	M–H — —
东部沿海综合经济区	H–L	H–L	H–L	H–L	H–L	H–L	H–L	H–M H–L M–H	H–M H–L M–H	H–M H–L	H–M H–L
南部沿海综合经济区	H–L	H–L	H–L	H–L	H–L	H–L	H–L	H–L	H–L	H–L	H–L
黄河中游综合经济区	M–M L–H L–M	— L–M	L–H	L–H	M–M L–H L–M	M–M L–H L–M	L–H	M–M L–H —	M–M L–H L–M	M–M L–H L–M	M–M L–H L–M
长江中游综合经济区	L–H	L–H	L–H	L–H	L–H	L–H	L–H	L–H	L–H	L–H	L–H
大西南综合经济区	L–H	L–H	L–H	L–H	L–H	L–H	L–H	L–H	L–H	L–H	L–H
大西北综合经济区	L–M	L–M	L–M	L–M	L–M	L–M	L–M	L–M	L–M	L–M	L–M
东北综合经济区	— L–H	— L–H	M–M L–H	— L–H	— L–H	— L–H	— L–H	— L–H	— L–H	— L–H	— L–H

（二）东北地区各产业类型市场占有率

1. 高技术 – 中连通产业类型

从高技术 – 中连通产业在全国的占比情况看［图 4–3（a）］，八大综合经济区呈现三级梯队局面。处于第一梯队的是东部沿海综合经济区，其区域的高技术 – 中连通产业在全国范围内的占比平均达到 1/3；处于第二梯队的是北部沿海和南部沿海综合经济区；东北地区和其他地区处于第三梯队，在“十一五”期间发展差距并不大，但进入“十二五”后，各地区产业类型发展有了较大的差距。伴随着全国范围内的产业转移，东部沿海综合经济区、北部沿海综合经济区和南部沿海综合经济区三大综合经济区的市场占有率已有所下降。同时，东北地区的高技术 – 中连通产业曾一度有所提高，从市场占有率来看，从 2005 年的 5% 上升至 2009 年的 9%，但到了 2015 年又回落到 5%；从排名来看，东北地区的高技术 – 中连通产业在八大综合经济区中多数年份处于第四位、第五位，但 2015 年开始下降明显，位列第七位，仅高于大西北综合经济区。

2. 高技术 – 低连通产业类型

高技术 – 低连通产业占比全国最高的地区是东部沿海综合经济区，其次是南部沿海和北部沿海综合经济区，三地区之和占比达 70% 以上，其他地区除大西北综合经济区外，其余地区占比差距不大。进入“十二五”时期后，各地区占比差距有了明显的扩大趋势。2005 年，东北综合经济区的高技术 – 低连通产业在全国范围内的市场占有率为 5%，到 2011 年上升至 7%，2013 年后开始下降，2015 年又回到了 5% 的水平［图 4–3（b）］。从八大综合经济区的排名看，东北综合经济区多年来一直位于第五位，高于大西南、大西北和黄河中游综合经济区，但从 2012 年开始，大西南综合经济区的市场占有率超过东北综合经济区，排位逐渐上升，并且黄河中游综合经济区也在逐渐赶超。2015 年，东北综合经济区的高技术 – 低连通产业排名降至第七位，仅列于大西北综合经济区之上。

3. 中技术 – 高连通产业类型

中技术 – 高连通产业在全国占比最高的地区是东部沿海和北部沿海综合经济区，两地区之和占全国的 50%。东北综合经济区的中技术 – 高连通产业在“十一五”期间变化并不明显，进入“十二五”后开始逐年下降，特别是 2013 年之后下降比例尤为明显，平均每年下降 1 个百分点，从 7% 下降至 5%。与此同时，南部沿海综合经济区的中技术 – 高连通产业占比逐年下降，长江中游综合经济区的占比逐年上升，产业转移现象明显 [图 4–3（c）]。

4. 中技术 – 中连通产业类型

从全国的分布来看，中技术 – 中连通产业主要集中于北部沿海和东部沿海综合经济区，两大综合经济区之和的市场占有率达到 50% 左右，八大地区中占有率最低的是大西北综合经济区，近几年的市场占有率仅为 3%，东北综合经济区同其他地区的市场占有率差距不大，处于中游水平。从东北综合经济区的发展趋势看，中技术 – 中连通产业在“十一五”期间变化不大，但进入“十二五”后，市场占有率开始逐年下降，并且近两年下降尤为明显，仅高于大西北综合经济区，处于八大经济区中的倒数第二位 [图 4–3（d）]。

5. 中技术 – 低连通产业类型

中技术 – 低连通产业在全国绝大多数地区的市场占有率均有所上升，说明绝大多数地区都越来越重视中技术 – 低连通产业，只有东部沿海综合经济区和东北综合经济区的市场占有率呈下降趋势。其中，东部沿海综合经济区本身处于市场占有率最高位，其市场占有率下降是经济发展的必然结果，而东北综合经济区的中技术 – 低连通产业市场占有率在 2005 年只是处于中游水平，排名仅为第四位，在其他地区继续承接产业转移、市场占有率逐步上升的同时，东北综合经济区的市场占有率却在逐步下降，到 2015 年其市场占有率已下滑至下游水平，与大西北综合经济区和大西南综合经济区的市场占有率基本持平，说明东北综合经济区在这期间的发展战略同其他地区不同，逐步降低中技术－低连通产业的市场占有率，将中技术－低连通产业逐步向外转移［图 4–3（e）］。

6. 低技术－高连通产业类型

从低技术－高连通产业在全国范围内市场占有率的情况看，占比最高的地区为北部沿海综合经济区，但近几年比例逐步下降；占比最低的地区是大西北综合经济区；东部沿海、南部沿海、黄河中游、长江中游、大西南及东北综合经济区的市场占有率比较接近［图 4–3（f）］。其中，东北综合经济区的低技术－高连通产业市场占有率相对较低，处于全国下游水平，2009 年之前，其市场占有率一直位列第七位，仅高于大西北综合经济区，从 2007 年开始，低技术－高连通产业市场占有率上升速度明显，到 2013 年，市场占有率已超过东部沿海综合经济区、南部沿海综合经济区、大西南综合经济区和大西北综合经济区。但从 2013 年开始，市场占有率又逐渐下降，到 2015 年又回到全国倒数第二的位置。

7. 低技术－中连通产业类型

低技术－中连通产业主要集中于黄河中游综合经济区，其市场占有率达到 30%；北部沿海综合经济区和长江中游综合经济区位于第二、第三位，平均市场占有率接近 20%；其他地区市场占有率相对较低，不足 10%。东北综合经济区的低技术－中连通产业市场占有率在全国范围内一直处于下游水平，并且排名不断下降，2005 年东北综合经济区在八大地区中排名第六位，2015 年降为第八位，与占比最高的黄河中游综合经济区市场占有率相差 25%［图 4–3（g）］。

8. 低技术－低连通产业类型

从八大地区分布看，低技术－低连通产业在全国范围内主要分布于东北综合经济区、北部沿海综合经济区、黄河中游综合经济区和大西北综合经济区。其中，东北综合经济区市场占有率逐年下降趋势明显，其市场占有率从 2005 年的 37% 下降至 2015 年的 18%。2010 年之前，东北综合经济区市场占有率仍高于其他地区，处于第一位，但进入“十二五”后，排名开始降低，到 2015 年已降至第三位；北部沿海综合经济区低技术 – 低连通产业占比除在 2011 年稍有升高外，总体也呈现下降趋势；而黄河中游综合经济区和大西北综合经济区则呈上升趋势，尤其是黄河中游综合经济区，其市场占有率从 2005 年的 7% 上升至 2015 年的 28%［图 4–3（h）］。

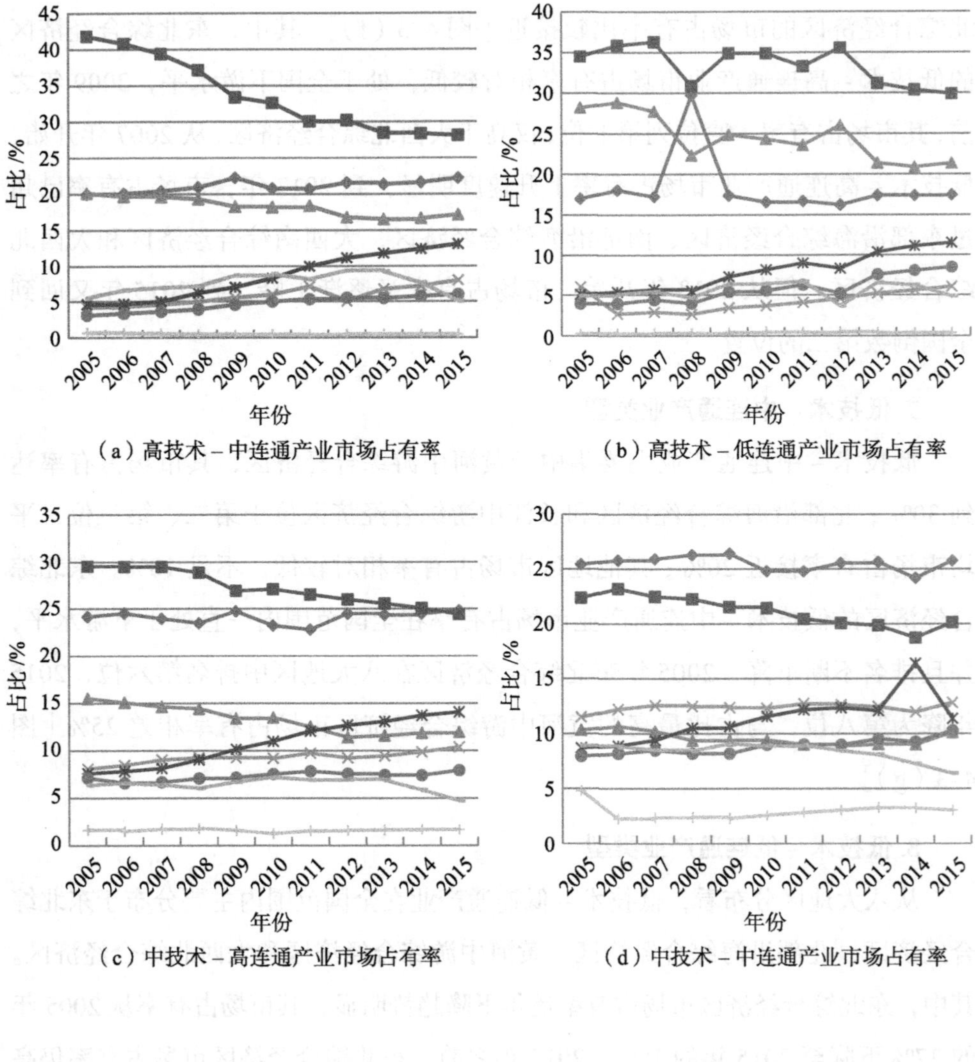

（a）高技术 – 中连通产业市场占有率

（b）高技术 – 低连通产业市场占有率

（c）中技术 – 高连通产业市场占有率

（d）中技术 – 中连通产业市场占有率

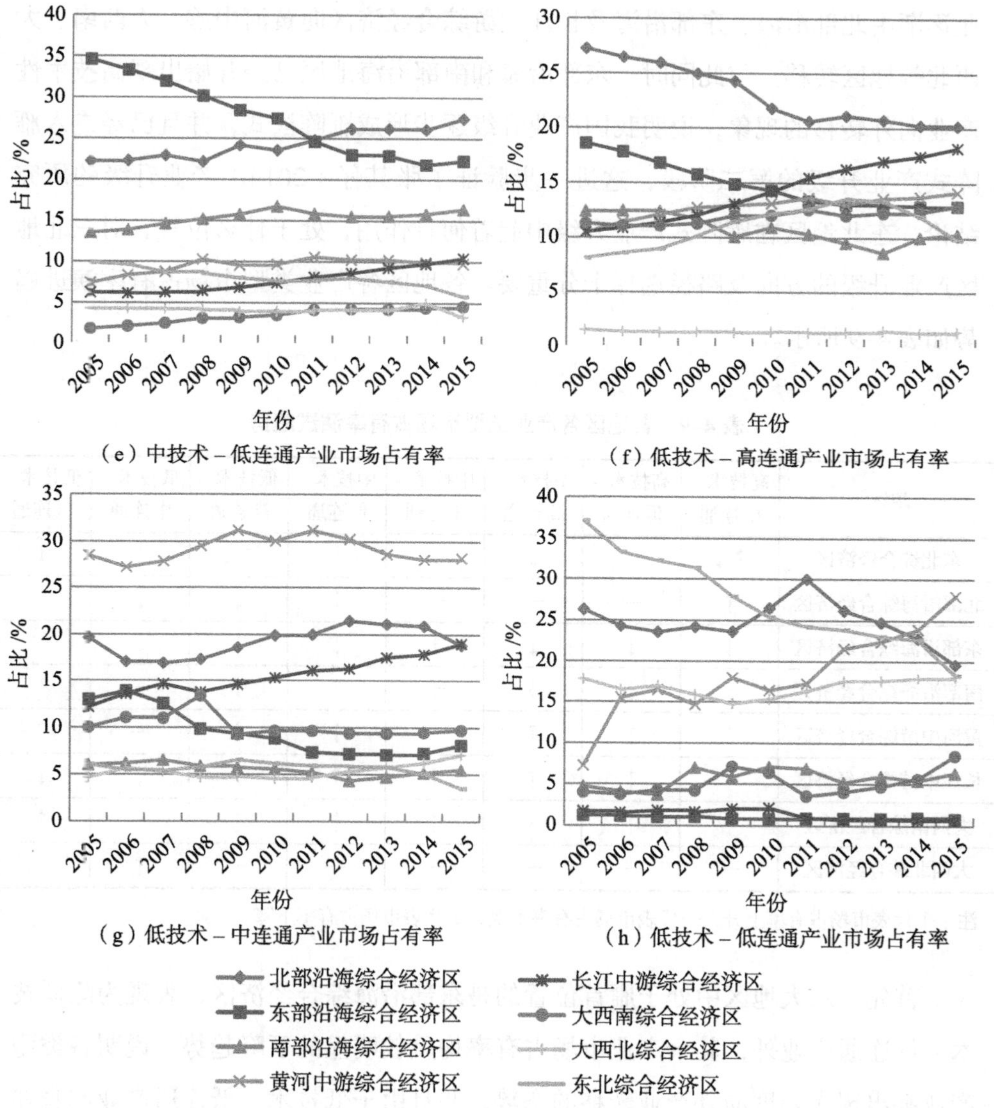

（e）中技术 – 低连通产业市场占有率

（f）低技术 – 高连通产业市场占有率

（g）低技术 – 中连通产业市场占有率

（h）低技术 – 低连通产业市场占有率

图 4–3 各产业类型市场占有率

（三）东北地区各产业类型市场占有率演进趋势

从八大地区不同产业市场占有率变化趋势可以看出我国地域范围内的产业升级模式。截至 2015 年，在全国范围内已出现雁阵式产业升级趋势，低技术产业逐渐由北部沿海、东部沿海及长江中游综合经济区向黄河中游、大西南、大西北等地区转移。与此同时，东部沿海和南部沿海地区已经开始出现高技术性产业向外转移的现象，说明我国产业升级逐步形成雁阵模式，并且已经进入雁阵式产业升级的第二阶段，这进一步验证了张其仔（2014）产业升级的研究结论。东北地区在雁阵式产业升级中起着何种作用，处于什么位置，对东北地区产业升级的方向及路径选择十分重要。各地区各产业类型市场占有率演进趋势如表 4–9 所示。

表 4–9 各地区各产业类型市场占有率演进趋势

地区	高技术 – 中连通	高技术 – 低连通	中技术 – 高连通	中技术 – 中连通	中技术 – 低连通	低技术 – 高连通	低技术 – 中连通	低技术 – 低连通
东北综合经济区	↑↓	—	↓	↓	↓	↑↓	↓	↓
北部沿海综合经济区	↑	—	—	—	↑	↓	↓	↓
东部沿海综合经济区	↓	↓	↓	↓	↓	↓	↓	—
南部沿海综合经济区	↓	↓	↓	—	↑	↓	—	↑
黄河中游综合经济区	↑	↑	↑	—	↑	↑	—	↑
长江中游综合经济区	↑	↑	↑	↑	↑	↑	↑	↓
大西南综合经济区	↑	↑	—	↑	↑	↑	—	↑
大西北综合经济区	—	—	—	—	—	—	↑	—

注：↑代表市场占有率上升，—代表市场占有率不变，↓代表市场占有率下降。

首先，八大地区中处于雁首位置的是东部沿海综合经济区，表现为除低技术 – 低连通产业外，其余产业市场占有率均呈较明显的下降趋势，说明各类型产业都出现大幅度向外产业转移的态势，并且由于低技术 – 低连通产业本身在东部沿海综合经济区所占比例微乎其微，根据近几年的升级状况，低技术 – 低连通产业已基本从东部沿海转移出去。

其次，北部沿海和南部沿海综合经济区处于雁身位置，既向外转移，又向内转移。其中，北部沿海综合经济区的产业转移主要体现为低技术的各类型产业向外转移，高技术 – 中连通和中技术 – 低连通产业向内转移；南部沿海综合经济区的产业转移主要体现为高技术的各类型产业、中技术–高连通和低技术–高连通产业向外转移，中技术–低连通和低技术–低连通产业向内转移。

再次，黄河中游综合经济区、长江中游综合经济区和大西南综合经济区处于雁尾位置，主要体现为各类型产业向内转移，说明在雁阵式产业升级过程中，其发挥着承接产业转移的重要作用。大西北综合经济区在全国产业升级中本应处于承接产业转移的位置，但从结果看，大西北综合经济区各类型产业市场占有率基本不变，说明西部大开发政策效果在大西北综合经济区并不十分明显，其承接来自沿海发达地区向外的产业转移并不理想。

最后，东北综合经济区本应处于雁身位置，一方面承接来自沿海地区的产业转移，另一方面向西北、中部地区转移落后产业。但从数据结果看，东北综合经济区的产业转移主要体现在向外转移，中技术各类型产业、低技术–中连通和低技术–低连通产业的市场占有率有所下降，特别是中技术–中连通、中技术–低连通和低技术–低连通产业向外转移明显。与此同时，东北综合经济区应是承接产业转移的重要地区，但结果并没有达到预期，东北综合经济区的高技术–中连通产业和低技术–高连通产业的确出现承接沿海地区产业转移趋势，市场占有率从2005年开始逐步上升，承接产业转移趋势明显，但到了2012年市场占有率开始下滑，并且近几年的下降趋势越发明显，市场占有率甚至回到了最初的水平，说明东北地区的高技术–中连通产业和低技术–高连通产业进行产业升级的路径与现有情况不匹配，进行产业升级的后劲不足，向外转移非竞争力产业的同时，并没有很好地吸收承接向内转移的产业。

二、东北地区各产业类型比较优势演化趋势分析

（一）东北地区各产业类型的平均显性比较优势演化趋势分析

1. 东北地区各产业类型显性比较优势指数对比分析

首先，八个产业类型中的低技术–低连通产业类型的比较优势最高，远高

于其他几种产业类型，其平均显性比较优势指数为3.504，是高技术–低连通产业类型的近7倍，是中技术–高连通和中技术–低连通产业类型的近5倍，是中技术–中连通产业类型的近4倍，是低技术–中连通、低技术–高连通及高技术–中连通产业类型的近3倍。

其次，低技术–高连通产业类型的显性比较优势排名第二，其平均显性比较优势指数为1.262。

再次，九大产业类型中排在第三位的是低技术–中连通产业类型，排在第四位的是高技术–中连通产业类型，其平均显性比较优势指数分别为1.070和1.009，两者显性比较优势差距不大，且显性比较优势均大于1，说明虽然东北地区的低技术–中连通和高技术–中连通产业类型的优势水平远低于低技术–低连通产业类型，但在全国范围内，仍然是东北地区优势产业类型。

最后，高技术–低连通产业、中技术–高连通产业、中技术–中连通产业和中技术–低连通产业四种产业类型的平均显性比较优势指数均小于1，说明东北地区的这四种产业类型不具有比较优势，即中技术产业、高技术产业中连通性不强的低连通产业不具有比较优势，不是东北地区优势的产业类型。东北地区各产业类型平均显性比较优势指数见表4–10。

表4–10 东北地区各产业类型平均显性比较优势指数

年份	高技术–高连通	高技术–中连通	高技术–低连通	中技术–高连通	中技术–中连通	中技术–低连通	低技术–高连通	低技术–中连通	低技术–低连通
2005	—	0.751	0.483	0.749	1.039	0.869	0.971	0.998	4.863
2006	—	0.911	0.494	0.739	0.997	0.890	0.989	0.940	4.310
2007	—	0.970	0.525	0.753	1.006	0.858	1.069	1.010	4.241
2008	—	0.981	0.531	0.748	0.938	0.786	1.189	1.063	4.212
2009	—	1.056	0.535	0.756	0.914	0.707	1.226	1.190	3.329
2010	—	1.060	0.510	0.796	0.929	0.650	1.294	1.070	3.018
2011	—	0.982	0.548	0.768	0.948	0.651	1.359	1.069	2.879
2012	—	1.207	0.565	0.828	0.989	0.723	1.489	1.131	2.930

续表

年份	高技术－高连通	高技术－中连通	高技术－低连通	中技术－高连通	中技术－中连通	中技术－低连通	低技术－高连通	低技术－中连通	低技术－低连通
2013	—	1.148	0.527	0.779	0.925	0.665	1.415	1.114	2.740
2014	—	1.077	0.538	0.696	0.898	0.692	1.427	1.172	2.984
2015	—	0.947	0.524	0.737	0.962	0.764	1.458	1.009	3.034
均值	—	1.009	0.526	0.759	0.959	0.750	1.262	1.070	3.504

2. 东北地区各产业类型显性比较优势演化趋势分析

如图 4–4 所示，从显性比较优势变动幅度看，东北地区的低技术－低连通产业类型变动最为明显，其余各产业类型的显性比较优势变化幅度则平缓很多。

首先，显性比较优势总体呈上升趋势的产业类型有低技术－中连通产业、低技术－高连通产业、高技术－低连通产业、高技术－中连通产业，其中低技术－高连通产业类型呈较为明显的上升趋势，并且在前期上升趋势更为明显，从 2005 年的 0.971 上升至 2012 年的 1.489，年平均增长率为 6.2%，之后进入小幅度的调整时期；而高技术－中连通产业的比较优势则呈先上升再下降的演化趋势，从 2005 年的 0.751 上升至 2012 年的 1.207，之后开始下降，但总体仍呈上升趋势；低技术－中连通和高技术－低连通产业类型的比较优势变化则不明显。

其次，低技术－低连通产业和中技术类型产业的显性比较优势总体呈下降趋势，其中，低技术－低连通产业的下降趋势最为明显，下降幅度是 8 种产业类型中幅度最大的。经过分析，发现其在“十一五”时期的下降趋势尤为明显，显性比较优势指数从 2005 年的 4.863 下降至 2010 年的 3.018，但在“十二五”时期，其显性比较优势并没有明显变化，平均增长率仅为 0.11%；中技术类型的比较优势变化相对复杂一些，中技术－低连通产业和中技术－中连通产业呈先下降再上升趋势，“十一五”时期的平均增长率分别为 –5.62% 和 –2.22%，“十二五”时期的平均增长率分别为 3.27% 和 0.7%；而中技术－高连通产业则呈先上升再下降趋势，“十一五”时期的平均增长率为 1.22%，“十二五”时期的平均增长率为 –1.54%。

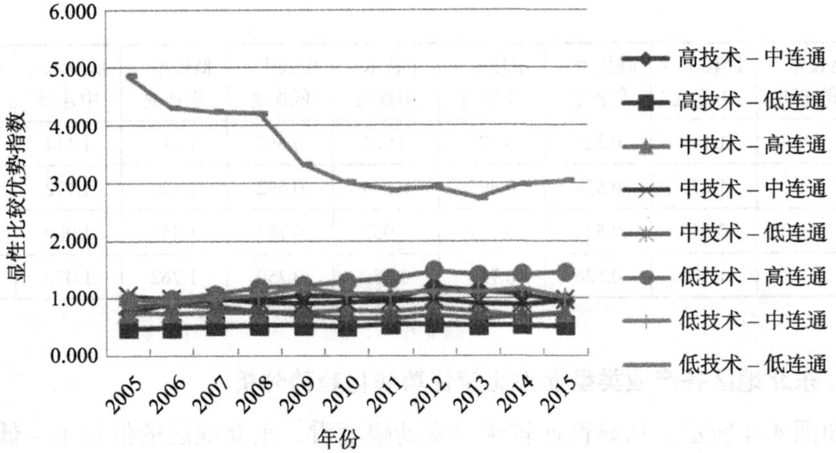

图 4–4　东北地区各产业类型平均显性比较优势演化趋势

注：中国没有高技术－高连通产业类型，因此只体现 8 种类型。

（二）东北地区各产业类型优势产业演化趋势分析

从东北地区各产业类型优势产业数量分布可以看出，东北地区的优势产业主要集中于低技术－高连通产业类型，并且集中趋势越来越明显。2005 年，东北地区的优势产业仅有 11 个，其产业类型属于低技术－高连通的产业共 3 个，占优势产业数量的 27.0%，但到了 2015 年，东北地区共有 16 个优势产业，其中低技术－高连通产业有 6 个，占优势产业数量的 37.5%，增加 10.5 个百分点。除此之外，东北地区的优势产业中还有 1~3 个产业属于中技术－中连通产业，1~2 个属于中技术－高连通产业和高技术－中连通产业，而低技术－低连通产业、中技术－低连通产业和高技术－低连通产业分别拥有 1 个优势产业。具体情况见表 4–11。

表 4–11　东北地区各产业类型优势产业数量

单位：个

年份	高技术－高连通	高技术－中连通	高技术－低连通	中技术－高连通	中技术－中连通	中技术－低连通	低技术－高连通	低技术－中连通	低技术－低连通
2005	0	1	1	1	2	1	3	1	1

续表

年份	高技术－高连通	高技术－中连通	高技术－低连通	中技术－高连通	中技术－中连通	中技术－低连通	低技术－高连通	低技术－中连通	低技术－低连通
2006	0	2	1	0	2	1	3	1	1
2007	0	2	1	1	3	1	3	1	1
2008	0	1	1	1	3	1	6	1	1
2009	0	2	1	1	2	1	6	2	1
2010	0	2	1	1	2	1	6	1	1
2011	0	1	1	1	2	1	6	1	1
2012	0	3	1	2	2	1	6	1	1
2013	0	2	1	1	1	1	5	1	1
2014	0	1	1	1	2	1	6	2	1
2015	0	1	1	1	3	1	6	2	1

第三节 东北地区产业空间演进趋势特点

从东北地区 2005—2015 年产业空间演进趋势可以得出以下三点。

第一，从东北地区的总体产业布局看，东北地区的优势产业主要为低技术产业，以低技术的黑色金属矿采选业，有色金属矿采选业，石油和天然气开采业，木材加工和木、竹、藤、草制品业等为主，说明东北地区的产业布局多年来一直在低技术上保持显性比较优势。

第二，从东北地区各时期的优势产业布局看，“十一五”时期东北地区产业布局的变动幅度远大于“十二五”时期的产业布局变动。具体来看，2005—2007 年的显性比较优势产业空间格局拓展了专用设备制造业，2007—2009 年东北地区的优势产业空间格局拓展了饮料制造业、有色金属矿采选业、非金属矿物制造业、非金属矿采选业等产业，而从 2011 年开始的“十二五”时期，其产业布局的变动则非常小。

第三，从东北地区优势产业的演进趋势看，东北地区的优势产业并没有向技术性更高一层次演化的趋势，相反，其表现出在低技术产业类型上更具备优势的趋势。东北地区“十二五”期间的优势产业在低技术上的分布比“十一五”期间更加密集，呈现更加向低技术产业集聚的特征，说明低技术产业是支撑东北地区经济持续发展的重要力量。

第四节　小　结

本章对东北地区显性比较优势进行了研究，并从产业类别、产业类型及产业空间分布等角度对东北地区各产业比较优势现状进行了分析和描述，总结如下。

首先，东北地区的优势产业数量显著增加，上升趋势明显。根据东北地区产业显性比较优势水平，均衡优势状态各时期的发展变化，总结出东北地区的优势产业共 14 个，分别是通用设备制造业，交通运输设备制造业，食品制造业，专用设备制造业，黑色金属冶炼和压延加工业，非金属矿采选业，非金属矿物制造业，农副食品加工业，饮料制造业，医药制造业，木材加工和木、竹、藤、草制品工业，黑色金属矿采选业，石油和天然气开采业，石油加工、炼焦和核燃料加工业。优势产业主要集中分布于低技术－高连通类型，并且趋势越发明显。

其次，全国雁阵式产业转移趋势已形成，但东北地区承接产业转移并不理想。东北地区的产业转移主要体现在向外转移，中技术各类型产业、低技术－中连通和低技术－低连通产业均出现向外转移特征。与此同时，东北地区应是承接产业转移的重要地区，但结果并没有达到预期。东北地区的高技术－中连通产业和低技术－高连通产业的确出现承接沿海地区产业转移趋势，但近几年的下降趋势越发明显，承接的高技术－中连通产业和低技术－高连通产业进行产业升级的路径与现有情况不匹配，进行产业升级时后劲不足，向外转移非竞争力产业的同时，并没有很好地吸收、承接向内转移。

最后，通过分析全国产业空间布局可知，我国整体的产业比较优势是偏近于低技术产业、劳动密集型产业及资源密集型产业，高技术产业在产业布局与产业规划上与国内其他产业匹配度不高，产业间联系并不十分密切。东北地区的优势产业没有呈现向技术性更高一层次演化的趋势，反而呈现在低技术产业类型上更具备优势的趋势，低技术持续扮演着支撑东北地区经济发展的重要角色。此外，生产能力在低技术水平上存在锁定趋势，在低技术上更多地体现了生产能力禀赋优势，有可能造成东北地区在未来的产业升级过程中出现动力不足、陷入“比较优势陷阱”的局面。

第五章　东北地区产业发展是否陷入“比较优势陷阱”分析

依据比较优势理论，发展中国家和地区为了实现较快的发展，就需要选择同其要素禀赋相匹配的产业及技术结构。大卫·李嘉图创立比较优势理论之后，该理论已由一般贸易理论演变成产业分析的重要方法与工具。中国东北地区地域广阔，物产丰盈。专家、学者一致认为，东北地区经济振兴需要借鉴比较优势理论，考虑东北地区特有的资源优势及劳动力优势，进而有力推进东北地区经济的蓬勃发展。现实中，诸多学者也认为，振兴东北、实现东北老工业基地改造，应依靠东北地区资源和廉价劳动力的比较优势促进产业升级，实现经济的稳步发展。这种依靠比较优势实现产业升级及经济发展的路径，往往容易使东北地区陷入“比较优势陷阱”。

以比较优势作为发展的指导原则，东北地区创建了大批的资源密集型和劳动密集型重型装备制造基地与重化工基地。自从实施“东北振兴”战略以来，在东北地区新成立的很多项目多是围绕资源和劳动密集型开展的。如今，放眼全球，新兴技术迅猛发展，如微电子科技、生化科技、激光科技、新材料科技、新能源科技、空间技术都在发生日新月异的进步，包括美国在内的主要发达国家逐渐过渡为后工业社会。在国民经济中，知识产业所处的地位快速提升，知识产业以高技术产业为主要内容，其产业结构加速知识化，资源密集型产业和劳动密集型产业逐步被技术密集型与知识密集型产业替代。知识作为重要的生产资源，在社会经济增长中的作用越来越重要，渐渐成为竞争力的标志性要素和主要动力。对于东北地区，面对当下产业结构整合升级的机遇，如果仍然单纯将“比较优势理论”作为发展的原则性理论，继续将精力和资源投入资源密集型与劳动密集型产业，就有可能落入“比较优势陷阱”，进而面临产业升级长时间滞后的风险。

本章以此为研究对象，从东北地区产业比较优势的流动性、专业化分工程度及技术性角度，分析东北地区产业比较优势向上流动的可能性及技术水平提高的可能性，对东北地区产业发展是否会陷入“比较优势陷阱”问题进行全面分析和判断。

第一节　理论框架

本章在多恩布什等（Dornbusch et al.，1977）、克鲁格曼（Krugman，1987）、伯纳德和琼斯（Bernard，Jones，2001）模型基础上引入以“边干边学”效应和“技术扩散”效应为基础的动态贸易与内生增长模型，模型中技术变迁的历史与国际专业化分工的现有模式相互作用，内生地决定了生产率的增长率（技术变迁率）和专业化分工模式的演变。

普劳德曼和雷丁（Proudman，Redding，2000）对比较优势的动态变化进行了详细研究，认为比较优势的变化主要体现在“量”的变化和“质”的变化上。“量”的变化主要体现在比较优势的流动性方面，“质”的变化主要体现在比较优势技术含量的水平差异方面。

一、比较优势静态分析

比较优势静态分析是在技术水平不变的假定条件下进行的，不考虑技术溢出，体现的是各国相对工资率和各国相对劳动生产率的关系。

静态分析恰如连续商品的李嘉图模型，假定一个经济体只有两个主体（本地区 H 和其他地区 F），那么在开放经济条件下，各地区都会根据自身的比较优势投入相对应的生产要素进行分工和生产，分析如下

$$D_i \equiv \frac{W_{\mathrm{H}_i}(t)}{W_{\mathrm{F}_i}(t)} \tag{5-1}$$

$$B_i \equiv \frac{A_{\mathrm{H}_i}(t)}{A_{\mathrm{F}_i}(t)} \tag{5-2}$$

式（5-1）和式（5-2）中，D_i 表示本地区与其他地区的相对工资率；B_i 表示本地区与其他地区的熟练劳动生产率之比；W 表示工资率；A 表示熟练劳动生产率；H 表示本地区；F 表示其他地区；i 表示产业，按照相对劳动生产率由高到低排序依次编号，$i \in [0, n]$。

对于 i 产业而言，如果 i 产业在本地区的单位成本小于或等于其他地区时，又或者本地区在 i 产业生产上与其他地区相比，其相对工资率小于或等于相对劳动生产率时，即

$$\frac{W_{\mathrm{H}_i}(t)}{W_{\mathrm{F}_i}(t)} \leqslant \frac{A_{\mathrm{H}_i}(t)}{A_{\mathrm{F}_i}(t)} \tag{5-3}$$

则本地区相对其他地区在产业 i 上具有比较优势，应由本地区发展 i 产业。

地区在发展经济时，会根据比较优势水平发展自身产业。如图 5–1 所示，横轴代表地区产业，按照两地区相对熟练劳动生产率从大到小进行排序；纵轴代表两地区的相对熟练劳动生产率或者相对工资率。从图中我们看出，两地区相对熟练劳动生产率曲线的变动轨迹与相对工资率曲线的变动轨迹不同，相对熟练劳动生产率向右上方倾斜，相对工资率向右下方倾斜。产业按照相对熟练劳动生产率从大到小进行排序后，其曲线呈下降趋势，越接近原点相对熟练劳动生产率越高，该产业本地区越具有比较优势，同时，该产业的相对工资率曲线呈相反趋势，随着劳动生产率的提高，相对工资率逐渐下降，越接近原点，相对工资率越低，这样，发展该产业的概率越大；反之，随着相对熟练劳动生产率的逐渐降低，相对工资率的逐渐升高，该地区的比较优势逐渐减弱，该产业逐渐从具有比较优势开始转为不具有比较优势，发展的产业重点随之发生转变。

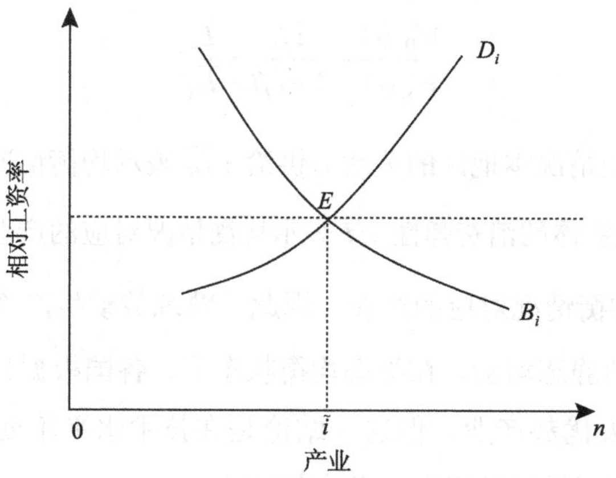

图 5–1　比较优势静态均衡

从分析中可以看出，不同地区产业发展的均衡点取决于地区的相对熟练劳动生产率和相对工资率的大小关系。随着本地区相对工资率逐渐升高，相对熟练劳动生产率逐渐降低，当到达 E 点时，本地区的相对工资率等于相对熟练劳动生产率，处于静态均衡。产业的临界点为 $\tilde{i}$ ，当产业编号为 0—$\tilde{i}$ 时，本地区与其他地区的相对熟练劳动生产率大于两地区的相对工资率，本地区具有比较优势，可以发展该产业；当产业编号为 $\tilde{i}$ —n 时，本地区与其他地区的相对工资率大于相对熟练劳动生产率，则本地区不具有比较优势，处于比较劣势，不应大力发展该产业；产业 $\tilde{i}$ 为两地区的静态均衡点，$\tilde{i}$ 产业的两地区相对工资率正好等于两地区的相对熟练劳动生产率。

在静态均衡条件下，本地区的相对工资率满足宏观经济收支平衡，即本地区的收入等于本地区在整个经济体内的支出。同时，假设即时效用函数是对称的、Cobb-Douglas 形式的，并且经济体的消费弹性为固定比例 β，则专业化分工的静态均衡条件如式（5-4）：

$$W_{\mathrm{H}}\overline{L_{\mathrm{H}}} \equiv \tilde{i}\,\beta\left(W_{\mathrm{H}}\overline{L_{\mathrm{H}}} + W_{\mathrm{F}}\overline{L_{\mathrm{H}}}\right) \tag{5-4}$$

进一步推导，得出

$$\frac{W_{H_i}(t)}{W_{F_i}(t)} \equiv \frac{\tilde{i}\beta}{1-\tilde{i}\beta} \times \frac{\overline{L_F}}{\overline{L_H}} \tag{5-5}$$

式中，$\overline{L_H}$ 表示均衡情况本地区的劳动力供给；$\overline{L_F}$ 表示均衡情况其他地区的劳动力供给；β 表示经济体的消费弹性；$\tilde{i}$ 表示均衡情况对应的产业。

由于 $\tilde{i}$ 表示均衡情况对应的产业，因此，熟练劳动生产率的差异决定了各地区专业化分工的静态均衡。在静态均衡状态下，各国根据自身的比较优势参与分工，集中发展优势产业，但这一结论是在技术水平不变的假定条件下进行的，为此，本书对模型进行进一步动态扩展。

二、比较优势动态分析

本书遵循克鲁格曼（Krugman，1987）的设定，并对连续商品李嘉图模型进行扩展，将熟练劳动生产率的变动引入分析框架。从静态分析框架中，我们得出熟练劳动生产率决定了地区的专业化分工。在动态模型框架中，技术进步会使熟练劳动生产率得以提高，专业化模式的演变受技术进步驱动，即技术进步能改变熟练劳动生产率的增长，进而改变专业化分工模式。一方面，生产过程的外部性是技术进步的重要来源，而“边干边学”效应又与生产过程中经验丰富积累息息相关，故“边干边学”效应是技术进步的一个重要源泉；另一方面，经济体内存在“知识溢出”，技术进步会随着知识由发达国家转移到发展中国家。这样，技术进步则可以看成由“边干边学”效应和知识外溢内生而来，并且是“边干边学”效应和知识溢出共同作用的结果。本书提出以下三个假定。

假定 1：“边干边学”效应仅限于产业内部，不能向其他产业进行溢出。

假定 2：生产知识和技术在经济体内存在溢出效应，且溢出效率为常数。

假定 3：劳动生产率增长率的其他影响因素为常数。

在上述假设条件下，地区产业的学习效率由初始的专业化分工模式和产业的学习效率参数决定。同时，由于知识能够从先进地区转移到落后地区，加之影响熟练劳动生产率的其他因素，故本书结合克鲁格曼的“边干边学”效应及伯纳德和琼斯的技术扩散效应建立了劳动生产率增长率模型，如下：

$$\ln\left[\frac{A_{c,i}(t)}{A_{c,i}(t-1)}\right]=\psi_i L_{c,i}(t-1)+\lambda_i\ln\left[\frac{A_{X,i}(t)}{A_{c,i}(t-1)}\right]+\gamma_{c,i} \quad \psi_i、\lambda_i、\gamma_{c,i}\geqslant 0,\ \forall i,j \tag{5-6}$$

式中，X 代表技术领先地区；$A_{c,i}$ 表示地区劳动生产率；$A_{X,i}$ 表示技术领先地区 i 产业的熟练劳动生产率；$L_{c,i}$ 表示地区劳动供给；$\gamma_{c,i}$ 表示外生技术进步率；ψ_i 表示“边干边学”效应的学习参数；λ_i 表示外生技术追赶系数；$\forall i,j$ 表示任意产业。

（1）如果本地区为技术领先地区，由公式可知 $\lambda_i\ln\left[\frac{A_{X,i}(t)}{A_{c,i}(t-1)}\right]=0$，则技术领先地区的劳动生产率的增长率表示见式（5-7）。

$$\ln\left[\frac{A_{X,i}(t)}{A_{X,i}(t-1)}\right]=\psi L_{X,i}(t-1)+\gamma_{X,i} \tag{5-7}$$

（2）如果本地区为技术追赶地区，则 $\frac{A_{H,i}}{A_{X,i}}\leqslant 1$，可得到本地区 i 产业相对于技术领先地区劳动生产率的增长率的变化，见式（5-8）。

$$\Delta\ln\left[\frac{A_{H,i}(t)}{A_{X,i}(t)}\right]=\psi\left[L_{H,i}(t-1)-L_{X,i}(t-1)\right]-\lambda_i\ln\left[\frac{A_{H,i}(t)}{A_{X,i}(t-1)}\right]+\left(\gamma_{H,i}-\gamma_{X,i}\right) \tag{5-8}$$

三、“比较优势陷阱”分析

从比较优势的静态均衡系列公式和劳动生产率的增长变动系列公式中，本书得出地区专业化分工模式的动态演变（比较优势的动态演进）机制，如图 5–2 所示。

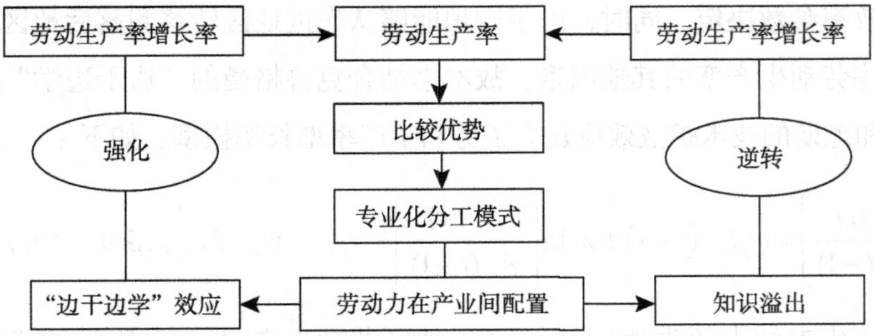

图 5–2　专业化分工模式动态演变机制

根据比较优势的动态演变机制，初始的熟练劳动生产率水平决定了地区的比较优势，进而决定经济体内的专业化分工模式。同时，随着劳动要素在不同产业间的不断配置，过程中的“边干边学”效应和“知识溢出”又会改变生产过程中的劳动生产率的增长率，从而改变比较优势和专业化分工模式。

在分析过程中，需考虑两种特殊情况：

（1）$\gamma_{c,i}=\gamma_{\mathrm{H},i}=\gamma_{\mathrm{F},i}$，$\lambda_i=0$。

在该情形下，本地区和其他地区所有产业的外生技术追赶系数相同，并且其技术和知识不存在外溢效应。初始静态均衡下的专业化分工为：本地区完全专业化发展产业 i_{H}（$i_{\mathrm{H}}\in[0,\tilde{i}]$），而其他地区集中专业化发展产业 i_{F}（$i_{\mathrm{F}}\in[\tilde{i},n]$）。不同地区在“边干边学”效应中不断强化自身的优势产业，使初始的产业劳动生产率不断上升，而其他非专业化发展的产业，其劳动生产率则不断下降，这种趋势会随着时间推移而越发明显，使两地区初始静态均衡模式的演变呈“固化”和“锁定”特征（Krugman，1987）。

（2）$\gamma_{c,i}>0$，$\gamma_{\mathrm{H},i}\neq\gamma_{\mathrm{F},i}$，$\lambda_i>0$。

在该情形下，各地区各产业之间的外生技术追赶系数不同，技术先进地区存在向技术落后地区的知识溢出，但不存在“边干边学”效应特征。从系列公式中我们看出，各地区之间的知识溢出及产业之间外生技术进步率的差异可能导致地区专业化分工模式发生改变甚至逆转，进而呈现地区专业化分工模式的演变和比较优势流动的特征。

当本地区是技术落后地区，即 $A_{H,i}(t-1) < A_{F,i}(t-1)$，且本地区的外生技术进步率大于技术先进地区的外生技术进步率时，本地区初始劳动生产率小于技术先进地区的初始劳动生产率。我们发现，由于外生技术进步率的不同，技术落后地区的初始非专业化发展的产业比专业化发展的产业的技术进步可能更快，在达到稳定状态时，技术落后地区的熟练劳动生产率反而高于技术先进地区，即 $A_{H,i}(t) > A_{F,i}(t)$，这正是初始比较优势发生逆转的充分条件，而非必要条件。

从情况（1）和情况（2）的分析中可以看出，地区专业化分工模式的演变是由“边干边学”和“知识溢出”两种相反效应共同作用的结果。一方面，如果“知识溢出”效应强于产业内部经验积累的“边干边学”效应，那么技术落后地区可能通过“知识溢出”过程中的连锁效应、模仿效应、交流效应、竞争效应、带动效应、激励效应等实现技术追赶、产业升级及价值链的提升，进而使比较优势呈现“流动性”特征。另一方面，如果“知识溢出”效应没有强于产业内部经验积累的“边干边学”效应，反而经济体内的地区更多地表现为“边干边学”过程中的生产经验的积累，则经济体内各地区的初始静态均衡情况会强化，各地区专业化分工会集中“锁定”发展初始具有比较优势的产业，从而使初始比较优势呈现“固化性”特征。从理论上分析，如果落后地区的初始比较优势集中在劳动密集型产业或者在国际专业化分工中处于价值链低端的产业，并且生产过程中的“边干边学”效应和“锁定效应”强于“知识溢出”的“流动性”特征时，落后地区处于价值链低端的产业就会长期发展，陷入“比较优势陷阱”。

本书根据“比较优势陷阱”理论提出了陷入“比较优势陷阱”的三个判定指标：一是比较优势内部的流动性；二是比较优势专业化分工的程度；三是比较优势技术含量的变化。如果地区的比较优势处于低技术含量的产业，而这种初始的比较优势状态在长期内缺乏流动性，表现出固化的特点，并且在逐步稳定的过程中，地区初始的比较优势得到进一步强化，经济体内的专业化分工逐步明确与加强，则可以判断该地区已陷入“比较优势陷阱”。

第二节 研究方法

20 世纪 90 年代，夸赫（Quah，1993）首次提出采用非参数估计分布动态法（MEDD）研究经济增长的动态演进问题。之后，普劳德曼和雷丁（2000）将分布动态法应用于比较优势的动态演进。本章运用分布动态法研究东北地区比较优势内部的流动性问题，以及比较优势的动态演进问题，进而考察东北地区是否已陷入“比较优势陷阱”。

分布动态法主要从两个方面评估分析指标的动态变化：内部分布的动态变化和外部分布的形态变化。本章继续沿用显性比较优势（RCA）指数作为比较优势的分析指标，利用分布动态法考察比较优势内部分布的流动性和分布形态的动态演进。一方面，在研究比较优势内部分布的流动性时，我们将显性比较优势（RCA）指数作为离散状态进行处理，计算各地区比较优势在一定时期后与之前时期在不同比较优势水平间的转移概率，即利用马尔可夫链方法，以此反映比较优势在一段时间后向上流动还是向下流动的可能性；另一方面，在研究比较优势的分布形态及其随时间的动态变化时，本章将显性比较优势（RCA）指数作为连续状态进行处理，使用评估动态变动的重要方法之一的随机核密度估计方法来预估横截面的分布变化。

一、马尔可夫链方法

设定显性比较优势（RCA）指数在 t 时期的截面分布函数为 F_t，ϕ_t 为该分布相应的概率密度，对于任意 $X \in R$，$\phi_t(-\infty, x) = F_t(x)$，$\mu_t$ 为干扰序列，P^* 为吸收干扰项的算子，算子 P^* 体现了显性比较优势（RCA）从 t–1 期到 t 期的分布演化，则 RCA 指数分布的动态变化类似于时间序列的一阶自回归，可以通过对 RCA 指数分布的概率密度一阶随机差分方程表示［式（5-9）］。

$$\phi_t = P^*(\phi_{t-1}, \mu_t) = P_{\mu t}^*(\phi_{t-1}) \tag{5-9}$$

由式（5-9）可知，当期显性比较优势（RCA）指数的分布状况由上一期显性比较优势（RCA）指数的分布状况和当期的干扰项共同决定。

将各产业按显性比较优势水平离散化为有限的、完备的 k 个区间，每个产业对应于 k 个不同的比较优势状态，称为“状态空间”，记作 $Z=\{Z_1, Z_2, \cdots, Z_k\}$，$Z$ 表示显性比较优势状态集合，则算子 $\boldsymbol{P}^*$ 呈现离散的马尔可夫过程，令 $\boldsymbol{P}^*=(p_{ij})$，$\phi_t$ 为概率向量，$p_{ij}\geqslant 0$，$1\leqslant i\leqslant k$，$1\leqslant j\leqslant k$，表示如下：

$$p_{ij}=P(\mathrm{RCA}_t=Z_j|\mathrm{RCA}_{t-1}=Z_i)=n_{ij}/n_i \tag{5-10}$$

由公式可计算出算子 $\boldsymbol{P}^*$ 的马尔可夫转移概率矩阵，表示如下：

$$\boldsymbol{P}=\begin{bmatrix} p_{11} & p_{12} & \cdots & p_{1k} \\ p_{21} & p_{22} & \cdots & p_{2k} \\ \vdots & \vdots & \ddots & \vdots \\ p_{k1} & p_{k2} & \cdots & p_{kk} \end{bmatrix},\quad \sum_{j=1}^{k} p_{ij}=1, i\in[1,k] \tag{5-11}$$

式（5-11）中矩阵元素 p_{ij} 表示状态转移概率，包括非对角线元素 p_{ij} 和主对角线元素 p_{ii}。p_{ij} 表示显性比较优势初始期为状态 i，在观察期转换为状态 j 的一步转移概率，由初始期为状态 i 在观察期为状态 j 的产业之和与初始期为状态 i 的产业之和的比值计算得出；p_{ii} 表示显性比较优势在初始期为状态 i，在观察期仍为状态 i 的概率。

根据马尔可夫状态转移矩阵 $\boldsymbol{P}^*$，可以刻画出东北地区产业不同比较优势状态的流动性或固化性，主对角线转移概率 p_{ii} 越接近 1，说明东北地区比较优势状态 i 的固化性越强。

为了进一步综合反映显性比较优势（RCA）指数分布的内部流动性或固化性程度，本章在马尔可夫状态转移矩阵 $\boldsymbol{P}^*$ 的基础上计算显性比较优势（RCA）流动性指数，计算公式见式（5-12）和式（5-13）。

$$M_1=\frac{k-\mathrm{trace}(\boldsymbol{P}^*)}{k-1} \tag{5-12}$$

$$M_2 = 1 - \left|\det(\boldsymbol{P}^*)\right|^{\frac{1}{k-1}} \tag{5-13}$$

式中，k 表示空间状态数值；$\boldsymbol{P}^*$ 表示显性比较优势转移概率矩阵；trace ($\boldsymbol{P}^*$) 表示概率转移矩阵的迹；det ($\boldsymbol{P}^*$) 表示概率转移矩阵的行列式。

根据公式计算的流动性指数 M_1 和 M_2 的取值范围均在 0 和 1 之间，并且流动性指数值越大，说明比较优势的固化性越强。

二、核密度估计方法

假设数据集 $X_1, X_2, \cdots, X_n$ 为一个随机样本，来自同一个概率密度 $F_n(x)$，其概率密度函数 $F_n(x)$ 的具体形式未知，则可从经验分布函数中推导出密度函数。

设 $F_n(x)$ 为经验分布函数，则 $F_n(x)$ 表示见式（5-14）。

$$F_n(x) = \frac{1}{n}\sum\nolimits_{i=1}^{n} G(x_i \leqslant x) \tag{5-14}$$

式中，x_i 表示 i 点样本的观测值；n 表示样本量；G 表示指标函数。

设定核函数为均匀函数，用 L_0 表示见式（5-15）。

$$L_0(X) = \begin{cases} \dfrac{1}{2} & -1 \leqslant X \leqslant 1 \\ 0 & \text{其他} \end{cases} \tag{5-15}$$

则核密度函数为

$$\begin{aligned} F_n(x) &= \frac{\left[F_n(x+r) - F_n(x-r)\right]}{2r} \\ &= \frac{1}{2r}\left\{\frac{1}{n}\sum_{i=1}^{n} G\left(x - r \leqslant x_i \leqslant x + r\right)\right\} \\ &= \frac{1}{n}\frac{1}{r}\sum_{i=1}^{n}\left\{\frac{1}{2} G\left(-1 \leqslant \frac{x - x_i}{r} \leqslant 1\right)\right\} \\ &= \frac{1}{nr}\sum_{i=1}^{n} L_0\left(\frac{x - x_i}{r}\right) \end{aligned} \tag{5-16}$$

进一步将核函数 L_0 设定条件放宽，则一般意义的核密度估计函数表示见式（5-17）。

$$f(x)=\frac{1}{nr}\sum_{i=1}^{n}L\left(\frac{x-x_i}{r}\right) \tag{5-17}$$

一般意义的核密度估计函数中的 r 表示平滑参数，平滑参数的选择十分重要，它控制核密度函数曲线的平滑程度，r 越大，密度曲线越平滑，同时估计偏差也越大。

第三节　东北地区产业比较优势内部流动性分析

分析判断东北地区“比较优势陷阱”是否存在，存在于哪些产业，需要考察东北地区各产业比较优势在整个研究时间范围内的变动情况。

一、东北地区产业比较优势流动性初步判断

本书利用东北地区 2005—2015 年各产业比较优势（RCA）指数的散点图对东北地区产业比较优势的流动性趋势进行初步分析。

图 5-3 中各点表示产业类别，横轴为各产业 2005 年的 RCA 指数，纵轴为 2015 年的 RCA 指数，并且根据各产业在散点图中的位置及其比较优势水平，建立两条分别表示 2005 年和 2015 年 RCA 指数值等于 1 的交叉虚线，将比较优势流动趋势散点图划分为四个象限，反映不同的比较优势状态的变化。第 Ⅰ 象限的点代表东北地区在该产业上继续保持了之前的比较优势；第 Ⅱ 象限的点代表东北地区该产业之前不具有比较优势，现在新获得了比较优势；第 Ⅲ 象限的点代表东北地区之前在该产业上是比较劣势，至今仍没有改变劣势局面，延续了之前处于劣势的地位；第 Ⅳ 象限的点代表东北地区之前在该产业上具有比较优势，但现在失去了初始的比较优势。

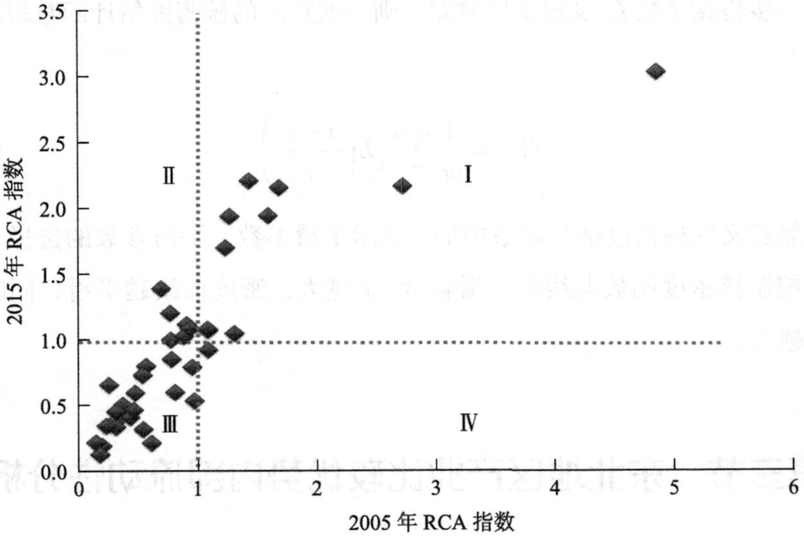

图 5–3 东北地区 2005—2015 年产业比较优势流动趋势散点图

注：图中方块代表 37 个产业。

从图 5–3 可以看出，在 37 个产业中，东北地区在之前具有比较优势的产业，绝大多数都在之后的发展过程中又继续保持了这种优势水平，落入第Ⅰ象限的产业比例远远高于落入第Ⅳ象限的比例，说明东北地区各产业在比较优势方面同样具有较强的固化特征；而之前东北地区不具有比较优势，并且之后又继续延续这种比较劣势地位的产业比例为 54%，后新获得比较优势的产业比例为 16.2%，说明东北地区各产业在比较劣势方面存在一定的固化性，但也有一定的流动性。

二、东北地区马尔可夫链转移概率矩阵分析方法

建立东北地区马尔可夫链状态转移矩阵，步骤如下。

第一步，需要事先确定状态区间。根据工业产业初始期 2005 年显性比较优势（RCA）指数的四分位数，将状态空间划分为四个状态，四个状态区间及区间范围分别是强比较劣势 [0.1477，0.4345]、弱比较劣势 [0.4345、0.7805]、弱

比较优势 [0.7805、1.0901]、强比较优势 [1.0901、4.8631]。根据 2005 年四分位数的区间范围（区间上限、区间下限）确定产业类型，四个状态区间所包含的产业数量大致相等，再根据每一个状态区间的范围和产业显性比较优势水平将 37 个产业划分为四种类型，见表 5–1。

表 5–1　2005 年东北地区产业状态及类别

产业状态	区间下限	区间上限	产业类别
强比较劣势	0.1477	0.4345	文教、体育用品制造业；计算机、通信和其他电子设备制造业；纺织业；废弃资源综合利用业；工艺品及其他制造业；纺织服装业，鞋帽制造业；仪器仪表制造业；皮革、毛皮、羽毛及其制品业；造纸和纸制品业
弱比较劣势	0.4345	0.7805	印刷和记录媒介复制业；电器机械和器材制造业；烟草制品业；金属制品业；有色金属冶炼和压延加工业；橡胶和塑料制品业；化学纤维制造业；非金属矿采选业；非金属矿物制造业
弱比较优势	0.7805	1.0901	有色金属矿采选业；家具制造业；煤气生产和供应业；食品制造业；饮料制造业；专用设备制造业；化学原料和化学制品制造业；煤炭开采与洗选业；热力电力生产及供应业
强比较优势	1.0901	4.8631	水的生产和供应业；通用设备制造业；医药制造业；木材加工和木、竹、藤、草制品业；黑色金属冶炼和压延加工业；农副食品加工业；交通运输设备制造业；黑色金属矿采选业；石油加工、炼焦和核燃料加工业；石油和天然气开采业

第二步，根据观察期的显性比较优势指数，考察 2015 年各产业所属状态区间。

第三步，根据马尔可夫过程，计算每一状态区间的转移概率，形成东北地区比较优势转移概率矩阵，见表 5–2。

表 5–2　东北地区产业比较优势四种状态转移概率矩阵

单位：%

状态类型		2005 年 RCA 指数所在状态类型			
		强比较劣势	弱比较劣势	弱比较优势	强比较优势
2015 年 RCA 指数所在状态类型	强比较劣势	66.67	33.33	0	0
	弱比较劣势	33.33	33.33	11.11	22.22

续表

状态类型		2005 年 RCA 指数所在状态类型			
		强比较劣势	弱比较劣势	弱比较优势	强比较优势
2015 年 RCA 指数所在状态类型	弱比较优势	0	22.22	55.56	22.22
	强比较优势	0	0	30.00	70.00

注 :“行”代表 2005 年 RCA 指数所在状态类型 ;“列”代表 2015 年 RCA 指数所在状态类型。

表 5-2 马尔可夫链状态转移概率（4×4）矩阵显示了东北地区产业状态的流动情况。主对角线元素的转移概率体现的是比较优势概率转移的固化特征，其值越接近于 1，该状态的固化性越强 ；非对角线元素的转移概率体现的是比较优势的流动性，其值越大，流动性越强。

东北地区产业比较优势四种状态转移概率矩阵可分析以下四种情况。

第一，分析强比较劣势状态转移情况。2005 年东北地区为强比较劣势的产业，在 2015 年继续保持这种强劣势的概率达到 66.67%，向上转移到弱比较劣势状态的概率为 33.33%，没有向弱比较优势状态和强比较优势状态转移，说明东北地区原本处于强比较劣势的文教、体育用品制造业，计算机、通信和其他电子设备制造业，纺织业，废弃资源综合利用业，工艺品及其他制造业，纺织服装鞋帽制造业，仪器仪表制造业，皮革、毛皮、羽毛及其制品业，造纸和纸制品业的 RCA 指数值以较高的概率继续保持这种状态，而且没有能力向优势状态进行转移，在强比较劣势状态上具有较强的固化性。

第二，分析弱比较劣势状态转移情况。2005 年东北地区处于弱比较劣势的产业有印刷和记录媒介复制业、电器机械和器材制造业、烟草制品业、金属制品业、有色金属冶炼和压延加工业、橡胶和塑料制品业、化学纤维制造业、非金属矿采选业、非金属矿物制造业，在 2015 年这些产业继续保持弱比较劣势状态的概率为 33.33%，向其他状态转移的概率和为 66.67%，其中向下转移到强比较劣势状态的概率为 33.33%，向上转移到弱比较优势状态的概率为 11.11%，转移到强比较优势状态的概率为 22.22%。向强比较优势状态转移的概率远远高于向弱比较优势状态转移的概率，说明东北地区产业在弱比较优势上具有较强的流动性，并且向更高一级状态转移的概率更大。

第三，分析弱比较优势状态转移情况。2005年东北地区的弱比较优势产业包括有色金属矿采选业、家具制造业、煤气生产和供应业、食品制造业、饮料制造业、专用设备制造业、化学原料和化学制品制造业、煤炭开采与洗选业、热力电力生产及供应业，在2015年这些产业继续保持弱比较优势状态的概率为55.56%，向下转移到弱比较劣势状态的概率为22.22%，向上转到强比较优势状态的概率为22.22%，说明东北地区产业在弱比较优势上同样具有一定的流动性，但流动性并没有弱比较优势状态的流动程度大。

第四，分析强比较优势状态转移情况。2005年东北地区的强比较优势产业包括水的生产和供应业，通用设备制造业，医药制造业，木材加工和木、竹、藤、草制品业，黑色金属冶炼和压延加工业，农副食品加工业，交通运输设备制造业，黑色金属矿采选业，石油加工、炼焦和核燃料加工业，石油和天然气开采业，这些产业在2015年又继续保持这种优势状态的概率达到70.00%，向其他状态转移的概率仅有30.00%，而且都只向弱比较优势状态进行转移，没有向弱比较劣势状态和强比较劣势状态转移的情况，说明东北地区在强比较优势状态上具有较强的固化特征，流动性很差。

三、东北三省马尔可夫链状态转移概率矩阵分析

（一）辽宁省马尔可夫链状态转移概率矩阵分析

对辽宁省比较优势状态转移概率矩阵（表5-3）的主对角线元素进行分析，我们发现，不同比较优势状态下辽宁省工业的流动程度不同，呈现较明显的差异。主对角线元素最高的为强比较劣势，继续保持现有状态的概率达到77.78%，说明文教、体育用品制造业，烟草制品业，纺织业，计算机、通信和其他电子设备制造业，造纸和纸制品业，废弃资源综合利用业，工艺品及其他

制造业，仪器仪表制造业，纺织服装、鞋帽制造业具有很强的固化特征；其次是强比较优势，继续保持现有状态的概率为 70%，说明热力电力生产及供应业，有色金属矿采选业，专用设备制造业，农副食品加工业，水的生产和供应业，石油和天然气开采业，通用设备制造业，黑色金属冶炼和压延加工业，黑色金属矿采选业，石油加工、炼焦和核燃料加工业同样具有一定的固化特征；第三位是弱比较劣势，继续保持现有状态的概率为 33.33%；最低为弱比较优势，继续保持现有状态的概率仅为 22.22%，说明辽宁省在弱比较劣势状态和弱比较优势状态上具有较强的流动特征。

表 5–3　辽宁省马尔可夫链状态转移概率矩阵

状态类型		2015 年					
		RCA 区间下限	RCA 区间上限	强比较劣势 /%	弱比较劣势 /%	弱比较优势 /%	强比较优势 /%
2005 年	强比较劣势	0.211	0.515	77.78	22.22	0.00	0.00
	弱比较劣势	0.515	0.801	55.56	33.33	11.11	0.00
	弱比较优势	0.801	0.990	11.11	11.11	22.22	55.56
	强比较优势	0.990	3.414	0.00	0.00	30.00	70.00

注：强比较劣势包括文教、体育用品制造业，烟草制品业，纺织业，计算机、通信和其他电子设备制造业，造纸和纸制品业，废弃资源综合利用业，工艺品及其他制造业，仪器仪表制造业，纺织服装、鞋帽制造业；弱比较劣势包括印刷和记录媒介复制业，皮革、毛皮、羽毛及其制品业，食品制造业，煤气生产和供应业，饮料制造业，化学纤维制造业，电器机械和器材制造业，医药制造业，煤炭开采与洗选业；弱比较优势包括化学原料和化学制品制造业，橡胶和塑料制品业，金属制品业，有色金属冶炼和压延加工业，非金属矿采选业，木材加工和木、竹、藤、草制品业，家具制造业，非金属矿物制造业，交通运输设备制造业；强比较优势包括热力电力生产及供应业，有色金属矿采选业，专用设备制造业，农副食品加工业，水的生产和供应业，石油和天然气开采业，通用设备制造业，黑色金属冶炼和压延加工业，黑色金属矿采选业，石油加工、炼焦和核燃料加工业。

对辽宁省各产业比较优势状态转移概率矩阵的非对角线元素进一步分析发现，体现流动性特征的弱比较劣势状态和弱比较优势状态的流动方向完全不同。首先，从弱比较劣势的非对角线元素可以看出，由弱比较劣势向下转移到强比较劣势的概率为 55.56%，而向上转移到弱比较优势的概率仅为 11.11%，并且没有发生向强比较优势状态进行转移，说明辽宁省印刷和记录媒介复制业，皮革、毛皮、羽毛及其制品业，食品制造业，煤气生产和供应业，饮料制造业，化学纤维制造业，电器机械和器材制造业，医药制造业，煤炭开采与洗选业的比较优势状态缺乏向上的流动性，向下流动的概率大于继续保持原有状态或者进一步得到提高的概率，未来出现进一步恶化的可能性很大。其次，分析弱比较优势的流动情况，从弱比较优势的非对角线元素可以看出，由弱比较优势状态向弱比较劣势转移的概率为 11.11%，向强比较劣势转移的概率为 11.11%，而向上转移到强比较优势的概率达到 55.56%，说明辽宁省的化学原料和化学制品制造业，橡胶和塑料制品业，金属制品业，有色金属冶炼和压延加工业，非金属矿采选业，木材加工和木、竹、藤、草制品业，家具制造业，非金属矿物制造业，交通运输设备制造业的比较优势向上流动的概率大于继续保持原有状态或者进一步得到提高的概率，其成为强优势产业的机会很大。

（二）吉林省马尔可夫链状态转移概率矩阵分析

从吉林省的马尔可夫链状态转移概率矩阵看（表 5–4），吉林省的比较优势变动情况与辽宁省及东北地区整体情况大不相同。分析转移概率矩阵和各产业的比较优势状态主对角线元素，我们发现，吉林省工业中处于劣势的产业和处于优势的产业，其流动性呈现出较大的差异。首先，主对角线元素最高的是弱比较优势，继续保持现有状态的概率高达 77.78%，向其他状态转移的概率仅为 22.22%。从产业来看，印刷和记录媒介复制业、有色金属矿采选业、食品制造业、黑色金属冶炼和压延加工业、煤炭开采与洗选业、非金属矿物制造业、烟草制品业、热力电力生产及供应业和化学纤维制造业具有很强的固化性，缺乏向上的流动性。其次，是强比较优势，继续保持现有状态的概率也很高，达到 70.00%，仅向弱比较优势进行转移，转移概率为 30.00%，说明吉林省水的生产和供应业，煤气生产和供应业，饮料制造业，黑色金属矿采选业，农副食品加工业，医药制造业，化学原料和化学制品制造业，木材加工和木、竹、藤、草制品业，石油和天然气开采业，以及交通运输设备制造业同样具有一定的固化特征。强比较劣势继续保持现有状态的概率为33.33%，弱比较劣势继续保持现有状态的概率为22.22%，说明吉林省的工业仅在比较优势状态上具有较强的固化特征，而在比较劣势状态上体现了一定的流动性。

表 5-4　吉林省马尔可夫链状态转移概率矩阵

状态类型		2015 年					
		RCA 区间下限	RCA 区间上限	强比较劣势 /%	弱比较劣势 /%	弱比较优势 /%	强比较优势 /%
2005 年	强比较劣势	0.02	0.18	33.33	55.56	11.11	0
	弱比较劣势	0.18	0.41	0	22.22	77.78	0
	弱比较优势	0.41	1.14	0	11.11	77.78	11.11
	强比较优势	1.14	4.66	0	0	30.00	70.00

注：强比较劣势包括废弃资源综合利用业，文教、体育用品制造业，计算机、通信和其他电子设备制造业，皮革、毛皮、羽毛及其制品业，仪器仪表制造业，电器机械和器材制造业，纺织业，工艺品及其他制造业，纺织服装、鞋帽制造业；弱比较劣势包括金属制品业，橡胶和塑料制品业，有色金属冶炼和压延加工业，通用设备制造业，家具制造业，石油加工、炼焦和核燃料加工业，造纸和纸制品业，非金属矿采选业，专用设备制造业；弱比较优势包括印刷和记录媒介复制业，有色金属矿采选业，食品制造业，黑色金属冶炼和压延加工业，煤炭开采与洗选业，非金属矿物制造业，烟草制品业，热力电力生产及供应业，化学纤维制造业；弱比较优势包括印刷和记录媒介复制业，有色金属矿采选业，食品制造业，黑色金属冶炼和压延加工业，煤炭开采与洗选业，非金属矿物制造业，烟草制品业，热力电力生产及供应业，化学纤维制造业；强比较优势包括水的生产和供应业，煤气生产和供应业，饮料制造业，黑色金属矿采选业，农副食品加工业，医药制造业，化学原料和化学制品制造业，木材加工和木、竹、藤、草制品业，石油和天然气开采业，交通运输设备制造业。

进一步分析吉林省各比较优势状态的流动状况可知，由弱比较劣势向弱比较优势转移的概率最高，状态转移的概率达到77.78%，从产业类别看，说明吉林省的通用设备制造业，家具制造业，石油加工、炼焦和核燃料加工业，造纸和纸制品业，非金属矿采选业，以及专用设备制造业的比较优势向上流动的概率很大，具有较强的向上流动特征。强比较劣势状态向其他状态转移的概率也较高，转移概率为66.67%，从具体的流动情况看，其向弱比较劣势状态转移的概率较高，为55.56%，其余11.11%转向了弱比较优势状态，说明吉林省的废弃资源综合利用业，文教、体育用品制造业，计算机、通信和其他电子设备制造业，皮革、毛皮、羽毛及其制品业，仪器仪表制造业，电器机械和器材制造业，纺织业，工艺品及其他制造业和纺织服装、鞋帽制造业同样具有较强的向上流动特性，并且其流动特性不但体现为使强比较劣势产业摆脱劣势地位进入弱比较劣势状态，而且还使部分产业由劣势状态转变为优势状态，产业状态得到了进一步提升。

（三）黑龙江省马尔可夫链状态转移概率矩阵分析

从黑龙江省的各优势状态产业和相应的马尔可夫链状态转移概率矩阵看（表 5–5），黑龙江省优势状态产业具有明显的固化特征，而劣势状态产业呈现流动性特征。从黑龙江省的优势状态固化特征看，强比较优势的固化性在三个省份当中最为明显，继续保持原有优势状态的概率达到 1，说明黑龙江省的煤气生产和供应业，饮料制造业，木材加工和木、竹、藤、草制品业，热力电力生产及供应业，农副食品加工业，煤炭开采与洗选业，医药制造业，食品制造业，石油加工、炼焦和核燃料加工业，石油和天然气开采业在 2005 年时处于强比较优势状态。到了 2015 年，这些产业仍继续保持原有的强比较优势状态发展。黑龙江省弱比较优势状态的产业也表现出一定的固化性，其主对角线元素继续保持原有弱比较优势的概率为 66.67%，向其他状态流动的概率为 33.33%，其中向下转移到弱比较劣势状态的概率为 22.22%，向上转移到强比较优势状态的概率为 11.11%。从产业来看，黑龙江省的非金属矿采选业、有色金属矿采选业、造纸和纸制品业、烟草制品业、交通运输设备制造业、家具制造业、水的生产和供应业、专用设备制造业和通用设备制造业仅有部分产业少有流动，更多产业体现出固化性特征，而强比较劣势状态和弱比较劣势状态的主对角线元素都为 44.44%，说明黑龙江省的劣势产业更多体现出流动性特征。

表 5–5　黑龙江省马尔可夫链状态转移概率矩阵

状态类型		2015 年					
		RCA 区间下限	RCA 区间上限	强比较劣势 /%	弱比较劣势 /%	弱比较优势 /%	强比较优势 /%
2005 年	强比较劣势	0.02	0.22	44.44	22.22	22.22	11.11
	弱比较劣势	0.22	0.44	22.22	44.44	33.33	0
	弱比较优势	0.44	0.94	0	22.22	66.67	11.11
	强比较优势	0.94	14.32	0	0	0	1.00

注：强比较劣势包括皮革、毛皮、羽毛及其制品业，计算机、通信和其他电子设备制造业，纺织服装、鞋帽制造业，工艺品及其他制造业，文教、体育用品制造业，纺织业，有色金属冶炼和压延加工业，黑色金属矿采选业，化学纤维制造业；弱比较劣势包括金属制品业，废弃资源综合利用业，仪器仪表制造业，黑色金属冶炼和压延加工业，印刷和记录媒介复制业，橡胶和塑料制品业，电器机械和器材制造业，非金属矿物制造业，化学原料和化学制品制造业；弱比较优势包括非金属矿采选业，有色金属矿采选业，造纸和纸制品业，烟草制品业，交通运输设备制造业，家具制造业，水的生产和供应业，专用设备制造业，通用设备制造业；强比较优势包括煤气生产和供应业，饮料制造业，木材加工和木、竹、藤、草制品业，热力电力生产及供应业，农副食品加工业，煤炭开采与洗选业，医药制造业，食品制造业，石油加工、炼焦和核燃料加工业，石油和天然气开采业。

进一步分析各产业比较优势的流动情况可知，首先，强比较劣势状态继续保持原有状态的概率为44.44%，向其他状态转移的概率为55.56%，其中向弱比较劣势状态转移的概率为22.22%，向弱比较优势状态转移的概率为22.22%，向更高一级的强比较优势转移的概率为11.11%，说明黑龙江省的皮革、毛皮、羽毛及其制品业，计算机、通信和其他电子设备制造业，纺织服装、鞋帽制造业，工艺品及其他制造业，文教、体育用品制造业，纺织业，有色金属冶炼和压延加工业，黑色金属矿采选业，以及化学纤维制造业虽然原有状态为强比较劣势，但其具有向上流动的能力，部分产业有能力向更高优势水平迈进，成为优势产业。其次，弱比较劣势状态在黑龙江省继续保持原有的概率和向其他状态转移的概率分别为44.44%和55.56%，其流动比例与强比较劣势相同。但研究发现，其流动特点大不相同，其中，由弱比较劣势状态向下转移到强比较劣势状态的概率为22.22%，向上转移到弱比较优势的概率为33.33%，说明黑龙江省的金属制品业、废弃资源综合利用业、仪器仪表制造业、黑色金属冶炼和压延加工业、印刷和记录媒介复制业、橡胶和塑料制品业、电器机械和器材制造业、非金属矿物制造业、化学原料和化学制品制造业的比较优势状态呈现向两种不同方向转移的特征。

四、东北地区产业比较优势流动性指数分析

转移概率矩阵体现的是各比较优势状态的流动性或固化性，要从整体上综合考察比较优势的流动程度，则需通过流动性综合指标进行进一步分析。八大地区比较优势状态转移概率矩阵见表 5–6。

表 5–6　八大地区比较优势状态转移概率矩阵

状态	地区	Ⅰ	Ⅱ	Ⅲ	Ⅳ	地区	Ⅰ	Ⅱ	Ⅲ	Ⅳ
Ⅰ	北部沿海	0.6667	0.1111	0.2222	0.0000	东部沿海	0.8889	0.1111	0	0
Ⅱ		0.3333	0.3333	0.2222	0.1111		0.3333	0.5556	0.1111	0
Ⅲ		0.2222	0.2222	0.1111	0.4444		0	0.6250	0.1250	0.2500
Ⅳ		0.1111	0.1111	0.1111	0.6667		0	0.2000	0.2000	0.6000
Ⅰ	南部沿海	0.6667	0.2222	0.1111	0	黄河中游	0.1111	0.8889	0	0
Ⅱ		0	0.7778	0.2222	0		0	0.6667	0.3333	0
Ⅲ		0	0.1111	0.6667	0.2222		0	0.1111	0.7778	0.1111
Ⅳ		0	0.1000	0.4000	0.5000		0	0.1000	0.4000	0.5000
Ⅰ	长江中游	0.4444	0.3333	0.2222	0	大西南	0.4444	0.3333	0.2222	0
Ⅱ		0.2222	0.5556	0.2222	0		0.1111	0.3333	0.5556	0
Ⅲ		0.1111	0.3333	0.3333	0.2222		0	0.2222	0.7778	0
Ⅳ		0	0.3000	0.3000	0.4000		0	0	0.6000	0.4000
Ⅰ	大西北	0.7778	0	0.2222	0	东北	0.6667	0.3333	0	0
Ⅱ		0.3333	0.4444	0.2222	0		0.3333	0.3333	0.1111	0.2222
Ⅲ		0	0.2222	0.2222	0.5556		0	0.2222	0.5556	0.2222
Ⅳ		0	0	0.1000	0.9000		0	0	0.3000	0.7000

注：状态Ⅰ代表强比较劣势，状态Ⅱ代表弱比较劣势，状态Ⅲ代表弱比较优势，状态Ⅳ代表强比较优势。

根据公式计算东北地区产业比较优势状态的流动性综合指标，即流动性指数 M_1 和 M_2，同时，为了全面了解东北地区产业比较优势的流动情况，本章在计算东北地区状态转移概率矩阵的同时，又计算了八大地区产业比较优势转移概率矩阵，进而得出八大地区比较优势的流动性指数（表 5–7），以此对东北地区的产业比较优势流动情况进行综合评价。

表 5–7　八大地区流动性指数比较

地区	流动性指数 M_1	流动性指数 M_2
东北综合经济区	0.581	0.676
北部沿海综合经济区	0.648	0.810
东部沿海综合经济区	0.610	0.726
南部沿海综合经济区	0.463	0.504
黄河中游综合经济区	0.648	0.712
长江中游综合经济区	0.756	0.818
大西南综合经济区	0.681	0.754
大西北综合经济区	0.552	0.689

对比八大地区的产业比较优势的流动性，使用相同时期的数据和方法计算流动性指数 M_1 和 M_2，并对 M_1 指数和 M_2 指数进行相关性检验，Pearson 相关系数为 90.6%，Spearman 秩相关系数为 89.8%，两指数高度相关，研究结论趋于一致。

对八大地区流动性指数的比较发现，一些发达地区的比较优势流动性指数相对高一些，如东部沿海综合经济区，流动性指数 M_1 为 0.610，M_2 达到 0.726，流动性指数很大，说明产业的固化程度很大。分析原因，这些地区往往处于技术领先地位和产业价值链的高端，生产技术含量较高、工艺流程较复杂的产品，各产业在专业化分工的基础上往往会继续保持这种优势地位，并且会不断自我强化，因此，发达地区的流动性指数较高，具有一定的固化特征。而相对较发达的北部沿海综合经济区和东部沿海综合经济区而言，东北地区的产业技术领先地位会低一些，因此，东北地区如果具有较高的固化性，则陷入“比较优势陷阱”的可能性越大。

东北综合经济区的流动性指数 M_1 为 0.581，流动性指数 M_2 为 0.676，可见，东北地区产业比较优势的固化程度较低，具有一定的流动性，大大降低了产业落入“比较优势陷阱”的风险。从东北三省的流动性指数（表 5–8）可知，除黑龙江省流动性指数稍低外，辽宁省和吉林省的流动性指数 M_1 仍然在 0.6 以上，指数 M_2 仍然在 0.7 以上，说明东北地区产业比较优势的流动性并不是很强，产业比较优势仍然存在一定的固化程度，所以东北地区的产业升级仍不能走单一的、完全依靠比较优势的产业升级路径。

表 5–8　东北三省比较优势状态转移概率

省份	流动性指数 M_1	流动性指数 M_2
辽宁省	0.656	0.815
吉林省	0.656	0.739
黑龙江省	0.481	0.575

第四节　东北地区产业比较优势外部形态的专业化分工变化

马尔可夫链状态转移矩阵考察的是显性比较优势（RCA）指数内部的流动性问题，以此判断一个地区是否陷入“比较优势陷阱”，除此之外，还要对显性比较优势外部形态的变化进行分析，以便考察比较优势的专业化分工程度变化。

一、东北地区产业比较优势的非参数核密度估计

基于马尔可夫链转移概率矩阵的流动性分析是在比较优势离散化的状态空

间假设下进行的，这种将比较优势离散化的处理可能会影响研究结果（Brasili et al.，2000）。为了使研究结果更具普遍性，本书采用核密度估计方法对东北地区产业比较优势的专业化分工程度进行进一步研究，进而分析东北地区产业比较优势分布的外部形态变化。

东北地区比较优势非参数核密度估计能够考察比较优势的专业化分工程度，核密度曲线的峰度能够度量比较优势水平在分布中的密集情况，偏度能够度量分布的取值范围，两者均可用来分析东北地区比较优势的专业化分工。

（一）东北地区产业比较优势核密度估计

图 5–4 描述了东北地区的 37 个工业门类 2005—2015 年比较优势的动态分布。

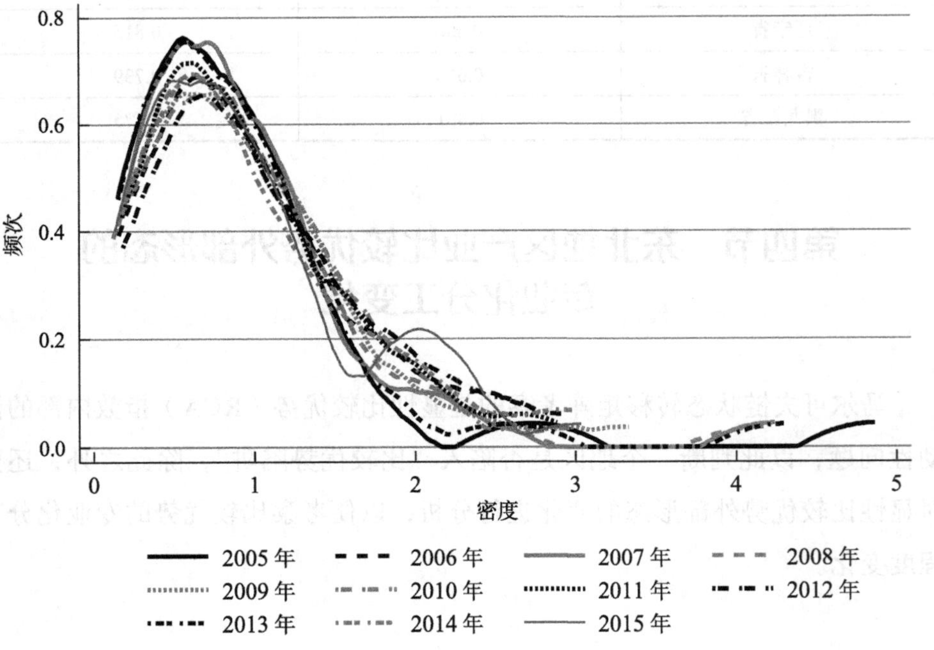

图 5–4　东北地区产业比较优势核密度分布

首先，从核密度曲线的峰度值看，东北地区的比较优势核密度函数的峰值高度逐年下降，密度曲线越来越平缓。由于峰值处的显性比较优势（RCA）小于1，位于比较优势较低的位置，说明专业化程度降低，也表明东北地区的比较优势正在流动，与东北地区弱比较优势、弱比较劣势产业流动性分析相吻合。

其次，从核密度曲线的偏态程度看，东北地区的比较优势核密度曲线右尾的优势水平逐年大幅度降低，“十一五”时期核密度曲线右尾大于4，说明东北地区部分产业在此期间在全国范围内具有绝对优势，但进入“十二五”后，核密度曲线的右尾仅不足3，说明东北地区的优势水平最高的产业RCA值正在逐渐下降，其比较优势正在向下流动。

最后，从核密度曲线的波峰分布看，东北地区比较优势除2015年外，绝大多数年份以“单峰”为主，呈现显著的“单峰”分布，并且比较优势水平主要集中在0.7左右，说明东北地区多年来低比较优势的产业比较集中，并没有分散，并且逐渐加强。

（二）东北三省产业比较优势核密度分布

从东北三省比较优势核密度分布（图5–5~图5–7）可以看出，辽宁省、吉林省和黑龙江省的产业比较优势分布有明显差异。

首先，分析辽宁省比较优势核密度分布（图5–5）。从比较优势分布位置看，核密度峰值位置在0.5~1，并且多年来没有改变，说明辽宁省在显性比较优势RCA小于1的位置集中了更多数量的产业，优势产业的数量较少，产业结构比较单一。从比较优势的分布形态看，2005年辽宁省的比较优势存在较明显的“多极化”现象，出现较明显的双峰特征，但之后，随着时间的推移，双峰特征逐渐消失，峰值呈现整体逐渐降低、中心位置向右偏移的趋势。核密度曲线逐渐平缓，说明辽宁省的专业化程度正在降低，生产的比较优势产品和发展的产业类别逐渐增多，范围更加广泛，有利于分散地区投资风险。从比较优势分布的延展性看，辽宁省产业比较优势分布的跨度距离较小，说明辽宁省各产业发展速度较为一致，产业间的发展较为均衡。

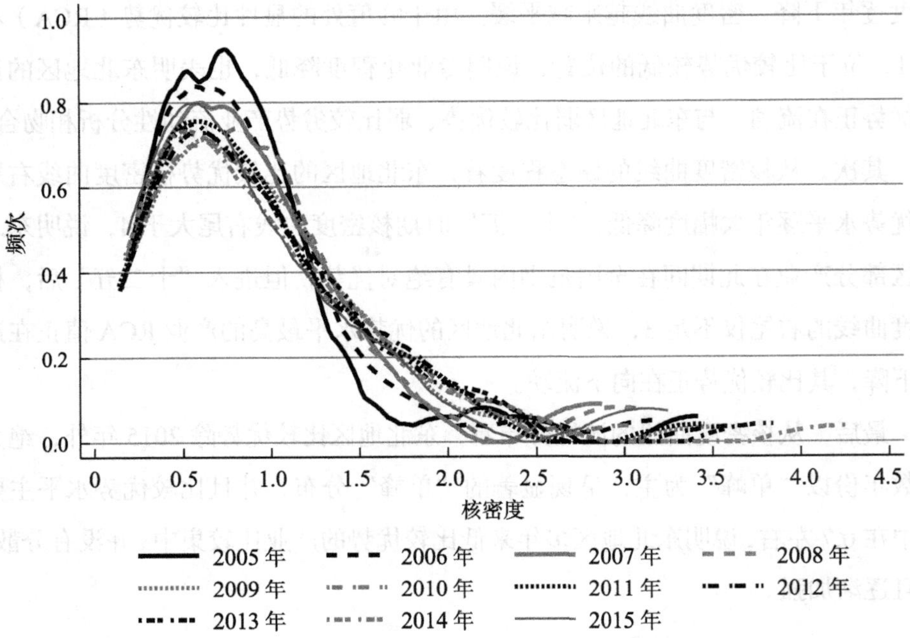

图 5–5　辽宁省比较优势核密度分布

其次，分析吉林省比较优势核密度分布（图 5–6）。从比较优势分布位置看，吉林省的比较优势峰值位置与辽宁省情况相同，也是在 RCA 小于 1 的位置集中了更多的产业，并且位置在核密度为 0.5 附近，较辽宁省更低，优势产业的数量较少，产业结构单一，竞争力较弱。从比较优势各年的分布形态看，吉林省的密度曲线呈单峰状态，并且峰值波动较大，说明吉林省在发展过程中专业化程度发生了较大变化，其中，2005—2009 年的峰值逐渐下降，说明此期间的专业化程度逐步降低，但从 2009 年开始，专业化程度反弹；2009—2015 年的峰值除 2012 年其他年份呈现上升趋势，说明近几年吉林省的产业专业化程度逐渐提高，并且趋势越来越明显。从比较优势分布的延展性看，吉林省产业比较优势除 2012 年跨度距离较大以外，其他年份的跨度距离并不十分大，说明吉林省不同产业的发展较为同步，发展速度差别不大。

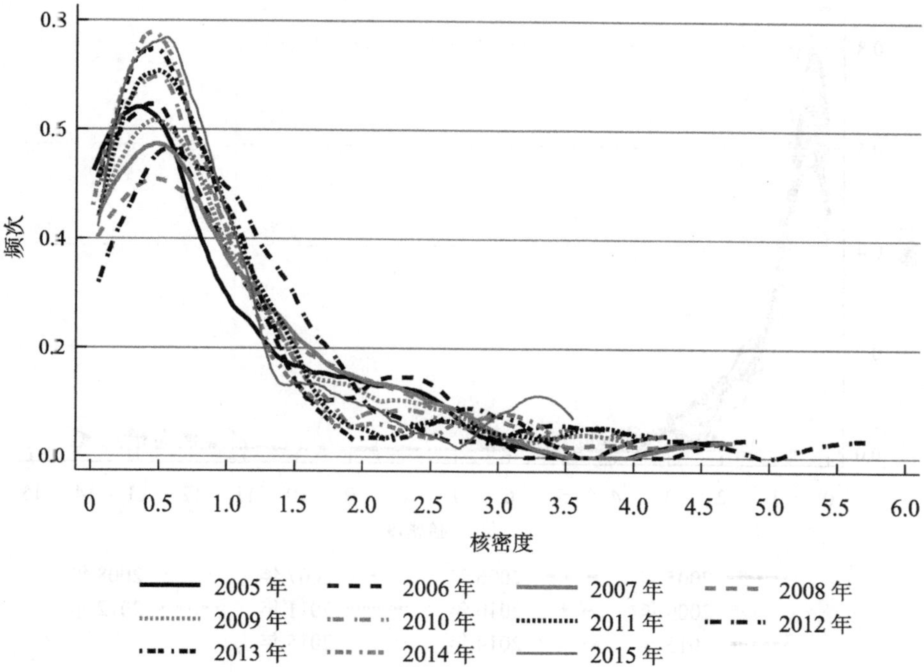

图 5–6　吉林省比较优势核密度分布

最后，分析黑龙江省比较优势核密度分布（图 5–7）。黑龙江省的产业比较优势核密度分布与辽宁省和吉林省有较明显的区别。从比较优势分布位置看，黑龙江省的比较优势更加集中，绝大多数产业分布在 RCA 小于 1 的位置，而优势产业的数量很少，产业结构单一。从比较优势分布形态看，黑龙江省比较优势呈现更加明显的单峰、偏态分布，说明黑龙江省的专业化分工程度较高，具有比较优势的产业较少，不利于风险的分散和地区的发展。从比较优势分布延展性看，黑龙江省比较优势核密度曲线跨度距离远远超过辽宁省和吉林省，跨度距离最大，达到 14 以上，说明黑龙江省各产业的发展速度极不一致，产业发展极不均衡。

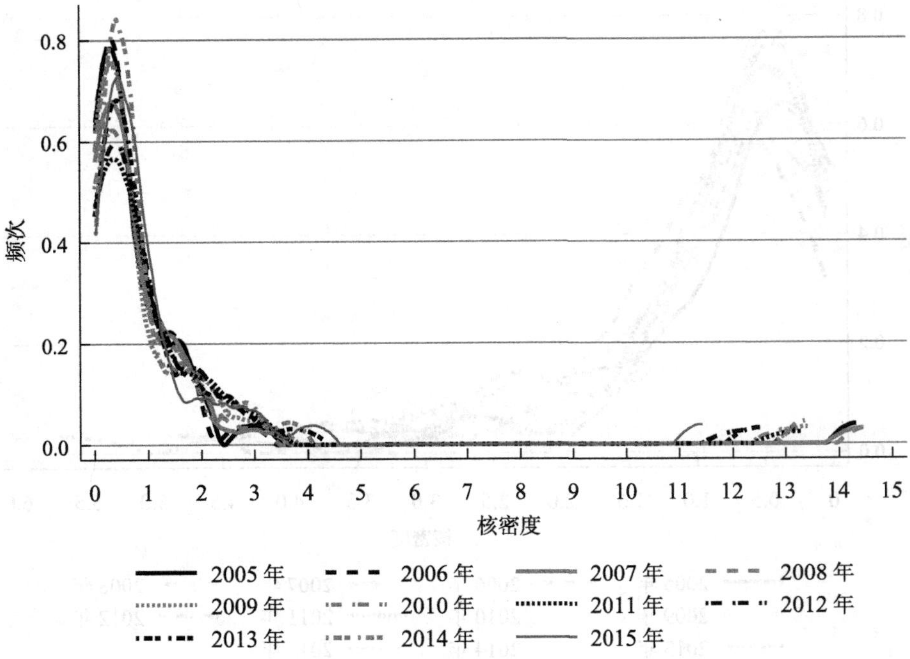

图 5–7 黑龙江省比较优势核密度分布

二、东北地区产业比较优势稳态分析

本书通过对显性比较优势（RCA）指数的初始分布和马尔可夫链状态转移概率矩阵的平稳分布考察东北地区产业比较优势的专业化分工程度。

（一）东北地区产业比较优势稳态分布

如表 5–9 所示，初始分布为每一状态各占 25% 的均匀分布。假定转移概率机制不变，则比较优势经过长期演变后，所形成的转移概率矩阵长期均衡的极限分布为稳态分布。不论产业比较优势初始为何种状态，经过长期演变后，都会达到该状态的某种概率，反映产业比较优势长期稳定的分布结构。

表 5–9 八大地区比较优势稳态分布比较

单位：%

地区	强比较劣势	弱比较劣势	弱比较优势	强比较优势
东北综合经济区	18.7	18.7	28.0	34.6
北部沿海综合经济区	37.7	16.7	17.2	28.5
东部沿海综合经济区	70.7	23.6	3.5	2.2
南部沿海综合经济区	0	32.6	46.6	20.7
黄河中游综合经济区	0	24.7	61.6	13.7
长江中游综合经济区	22.1	42.4	25.8	9.6
大西南综合经济区	5.1	25.6	69.2	0
大西北综合经济区	7.9	5.3	13.2	73.5

表 5–9 显示了八大地区比较优势的稳态分布，根据平稳分布的形态，将八大地区分为三类。

第一类是北部沿海综合经济区，两端的强比较劣势和强比较优势出现的概率较高，而中间的弱比较劣势和弱比较优势出现的概率较低，呈现明显的两极化“双峰”分布态势，说明北部沿海综合经济区的初始比较优势具有较强的“自我强化”特征。如果北部沿海综合经济区的比较优势固化在低技术产业，则有可能落入“比较优势陷阱”。

第二类是东部沿海综合经济区和长江中游综合经济区，两地区经过长期的演变，处于强比较劣势或弱比较劣势的概率大大提高。而相对于初始分布，其强比较优势和弱比较优势的概率大幅度降低，东部沿海综合经济区和长江中游综合经济区的比较优势水平处于弱化态势。

第三类是东北综合经济区等其他地区，总体呈现向上逐步演变的趋势，说明东北综合经济区、南部沿海综合经济区、黄河中游综合经济区、大西南综合经济区和大西北综合经济区处于强比较优势或弱比较优势的概率大幅度升高，优势地位不断强化。同时，强比较劣势或弱比较劣势的概率大大降低，说明东北地区比较优势演变的长期趋势是在优势产业上不断“自我强化”。如果这些地区的优势产业较多集中于低技术产业，则可能面临陷入“比较优势陷阱”的风险。

东北地区的稳态分布反映了东北地区经过长期发展，达到稳定时各状态的概率和产业的分布结构。从东北地区稳态分布概率值可以看出，强比较优势状态最高，弱比较优势状态次之，弱比较劣势和强比较劣势并列最后，强比较优势和弱比较优势的概率分别达到 34.6% 和 28.0%，说明东北地区经过长期的经济发展，将有更多的产业具有强比较优势，比较优势得到强化。结合前面东北地区马尔可夫链状态转移矩阵和东北地区产业比较优势核密度分析结果，东北地区的弱比较劣势和弱比较优势产业的流动性较强，如果弱比较劣势中的技术性较高的产业未来比较优势向上流动，进入弱比较优势及强比较优势，又或者弱比较优势中的技术性较高的产业未来比较优势向上流动，进入强比较优势，也就是强化的是高技术产业，则东北地区在全国产业分工中的地位会得到进一步提升。但是，如果强化的产业是低技术产业，则东北地区产业升级未来陷入“比较优势陷阱”的风险会大大增加。

（二）东北三省产业比较优势稳态分布

从东北三省比较优势稳态分布（表 5–10）看，辽宁省、吉林省和黑龙江省三个省份的稳态分布呈现较大的差别。

表 5–10　东北三省比较优势稳态分布

单位：%

地区	强比较劣势	弱比较劣势	弱比较优势	强比较优势
辽宁省	53.1	19.3	9.7	17.9
吉林省	0	9.4	66.1	24.5
黑龙江省	0	0	0	100.0

首先，辽宁省的稳态分布与其他省份不同，其强比较劣势产业概率较高，根据比较优势的长期演变趋势，处于强比较劣势的概率达到53.1%，说明辽宁省的比较优势有明显的变弱趋势。由辽宁省比较优势状态转移概率矩阵和辽宁省产业比较优势核密度分布可知，辽宁省的强比较劣势的固化程度达到78%，其验证了以下分析结论：一方面，辽宁省产业整体发展逐渐弱化，比较优势产业正在逐渐衰退；另一方面，在新的领域也没有形成新的优势产业，产业比较优势的后劲不足。

其次，吉林省稳态分布在弱比较优势位置达到峰值，说明吉林省比较优势逐渐强化。由上文吉林省比较优势状态转移概率矩阵和吉林省产业比较优势核密度分布可知，如果强化的产业为高技术产业，则吉林省未来在全国的分工地位会显著提高，但如果强化的产业为劳动密集型或者资源密集型等低技术产业，则吉林省未来陷入“比较优势陷阱”的风险也会进一步加大。

最后，黑龙江省的稳态分布同吉林省的稳态分布近似。从具体的分布看，黑龙江省的强比较劣势、弱比较劣势、弱比较优势的概率均为0，而强比较优势的概率达到100%，这验证了黑龙江省的马尔可夫链状态转移概率矩阵和黑龙江省产业比较优势核密度分布的分析结果。黑龙江省的强比较劣势、弱比较劣势、弱比较优势均体现了较强的上升趋势，“自我强化”程度远远高于吉林省和辽宁省，比较优势的偏态程度更加突出，其未来陷入“比较优势陷阱”的风险也更巨大。

第五节　东北地区产业比较优势技术含量变化

考察东北地区产业是否会陷入“比较优势陷阱”，不仅要对产业比较优势的流动性和专业化程度进行考察，还要对产业的技术含量进行进一步分析。

一、东北地区陷入“比较优势陷阱”可能性分析

为了进一步分析东北地区是否会陷入“比较优势陷阱”，本书借鉴陆文聪等（2015）的研究方法，分析东北地区2005年和2015年比较优势（RCA）指数排名前十的产业和与其对应的产业技术性数值，见表5–11、表5–12。

表5–11　2005年东北地区RCA指数排名前十位

RCA指数	技术性数值	产业类别	产业类型
4.86309	16035.21	石油和天然气开采业	低技术
2.72509	16875.81	石油加工、炼焦和核燃料加工业	中技术
1.68822	15473.21	黑色金属矿采选业	低技术
1.59729	19966.85	交通运输设备制造业	高技术
1.43551	15877.01	农副食品加工业	低技术
1.31452	17269.65	黑色金属冶炼和压延加工业	中技术
1.27017	15981.63	木材加工和木、竹、藤、草制品业	低技术
1.2348	16284.02	医药制造业	低技术
1.09379	21753.9	通用设备制造业	高技术
1.09008	16676.06	水的生产和供应业	中技术

表5–12　2015年东北地区RCA指数排名前十位

RCA指数	技术含量	产业类别	产业类型
3.03382	16035.21	石油和天然气开采业	低技术
2.213504	15877.01	农副食品加工业	低技术
2.170237	16875.81	石油加工、炼焦和核燃料加工业	中技术
2.165086	15473.21	黑色金属矿采选业	低技术
1.951367	19966.85	交通运输设备制造业	高技术
1.947589	15981.63	木材加工和木、竹、藤、草制品业	低技术
1.707406	16284.02	医药制造业	低技术
1.398826	14365.21	非金属矿采选业	低技术
1.209218	15555.86	非金属矿物制造业	低技术
1.125466	14125.79	饮料制造业	低技术

分析可知，如果比较优势一直停留在低技术含量的产业，流动性很低，并且具有较强的“自我强化”特征，没有转向更高技术含量的产业生产，则其在产业结构转型过程中，不但不会淘汰低技术的落后产业，反而低技术的产业发展更加集中，产业结构单一、生产率低下的情况越发明显，会深深陷入“比较优势陷阱”，无法成功实现跨越。

对比表 5–11 和表 5–12 不难发现，2005 年东北地区在高、中、低各技术类型产业方面都有很多较强比较优势的产业，而到 2015 年，通用设备制造业等高、中技术产业开始失去比较优势地位，比较优势产业越来越多地集中于低技术含量的产业类型。

二、东北三省优势产业技术含量分析

根据显性比较优势（RCA）排名前十位产业的技术含量，本书对东北三省优势产业的技术密集程度进行进一步分析，以探究东北三省产业发展陷入“比较优势陷阱”问题。

从辽宁省显性比较优势（RCA）指数排名看（表 5–13），2005 年排名前十位的产业中有 1 个高技术产业、5 个中技术产业、4 个低技术产业；2015 年排名前十位的产业中，高技术产业 2 个、中技术产业 3 个、低技术产业达到 5 个，说明辽宁省近十年的发展局限于低技术产业，在低技术产业领域优势越来越明显。

表 5–13　辽宁省 RCA 指数 2005 年、2015 年排名变化

排名	2005 年		2015 年	
	产业类别	产业类型	产业类别	产业类型
1	石油加工、炼焦和核燃料加工业	中技术	石油加工、炼焦和核燃料加工业	中技术
2	黑色金属矿采选业	低技术	黑色金属矿采选业	低技术
3	黑色金属冶炼和压延加工业	中技术	非金属矿采选业	低技术
4	通用设备制造业	高技术	黑色金属冶炼和压延加工业	中技术
5	石油和天然气开采业	低技术	通用设备制造业	高技术

续表

排名	2005年		2015年	
	产业类别	产业类型	产业类别	产业类型
6	水的生产和供应业	中技术	农副食品加工业	低技术
7	农副食品加工业	低技术	交通运输设备制造业	高技术
8	专用设备制造业	中技术	专用设备制造业	中技术
9	有色金属矿采选业	低技术	非金属矿物制造业	低技术
10	热力电力生产及供应业	中技术	有色金属矿采选业	低技术

从吉林省显性比较优势（RCA）指数排名看（表5–14），2005年排名前十位的产业中，有1个高技术产业、3个中技术产业、6个低技术产业；2015年，排名前十位的优势产业中除交通运输设备制造业为高技术产业外，其他9个产业均为低技术产业，说明近十年吉林省低技术产业越来越密集，并且成为吉林省的优势产业和经济发展支柱，其陷入“比较优势陷阱”的风险大大增加。

表5–14　吉林省RCA指数2005年、2015年排名变化

排名	2005年		2015年	
	产业类别	产业类型	产业类别	产业类型
1	交通运输设备制造业	高技术	交通运输设备制造业	高技术
2	石油和天然气开采业	低技术	医药制造业	低技术
3	木材加工和木、竹、藤、草制品业	低技术	木材加工和木、竹、藤、草制品业	低技术
4	化学原料和化学制品制造业	中技术	农副食品加工业	低技术
5	医药制造业	低技术	石油和天然气开采业	低技术
6	农副食品加工业	低技术	黑色金属矿采选业	低技术
7	黑色金属矿采选业	低技术	饮料制造业	低技术
8	饮料制造业	低技术	非金属矿物制造业	低技术
9	煤气生产和供应业	中技术	有色金属矿采选业	低技术
10	水的生产和供应业	中技术	非金属矿采选业	低技术

从黑龙江省显性比较优势（RCA）指数排名看（表5–15），2005—2015年比较优势排名前十位的优势产业均中有4个中技术产业、6个低技术产业，说

明黑龙江省的优势产业仍然以低技术产业为主，中技术产业为辅，在一定程度上存在陷入“比较优势陷阱”的风险。

表 5–15　黑龙江省 RCA 指数 2005 年、2015 年排名变化

排名	2005 年		2015 年	
	产业类别	产业类型	产业类别	产业类型
1	石油和天然气开采业	低技术	石油和天然气开采业	低技术
2	石油加工、炼焦和核燃料加工业	中技术	农副食品加工业	低技术
3	食品制造业	中技术	木材加工和木、竹、藤、草制品业	低技术
4	医药制造业	低技术	石油加工、炼焦和核燃料加工业	中技术
5	煤炭开采与洗选业	低技术	食品制造业	中技术
6	农副食品加工业	低技术	热力电力生产及供应业	中技术
7	热力电力生产及供应业	中技术	饮料制造业	低技术
8	木材加工和木、竹、藤、草制品业	低技术	医药制造业	低技术
9	饮料制造业	低技术	煤气生产和供应业	中技术
10	煤气生产和供应业	中技术	煤炭开采与洗选业	低技术

第六节　小　结

本章通过对东北地区各产业显性比较优势指数的核算，确定了东北地区产业比较优势各状态的区间范围，在此基础上利用马尔可夫链概率转移矩阵计算了比较优势流动性指数，并从比较优势的内部流动性、外部专业化分工程度及产业技术程度三个方面对东北地区“比较优势陷阱”问题进行论证和判断。

第一，通过对比较优势流动性的初步识别，发现东北地区产业比较优势具有一定的固化特征。通过测算东北地区比较优势马尔可夫链转移概率矩阵，发现东北地区固化性主要体现在强比较优势状态和强比较劣势状态上，而在弱比较优势状态和弱比较劣势状态方面体现了一定的流动性。在此基础上，进一步对东北三省的比较优势流动性进行分析，发现东北三省的流动性呈现一定的差异，其中辽宁省与东北地区整体情况近似，在强比较优势状态和强比较劣势状态上具有较强的固化特征，特别是在强比较劣势上具有极强的固化特征，而在弱比较优势和弱比较劣势上具有一定的流动性特征；吉林省和黑龙江省则表现出在弱比较优势和强比较优势状态上具有一定的固化特征，而在弱比较劣势和强比较劣势状态上具有一定的流动特征。

第二，根据比较优势核密度分布变化情况，东北地区比较优势核密度函数的峰值位于比较优势较低的位置，高度逐年下降，比较优势专业化分工程度有所下降。从各省核密度分布变化情况看，辽宁省的专业化程度有所降低，生产的比较优势产品和发展的产业类别逐渐增多，范围更加广泛，有利于分散地区投资风险。相比之下，吉林省和黑龙江省的专业化分工程度则相对较高，具有比较优势的产业较少，不利于风险的分散和地区的发展。此外，辽宁省和吉林省的产业发展较为一致，黑龙江省各产业发展速度则极不一致，产业发展极不均衡。

第三，根据东北地区的稳态分布变化情况，东北地区经过长期的经济发展，将有更多的产业具有强比较优势，强比较优势将得到强化。但东北三省的稳态分布差别较为明显，辽宁省在强比较劣势状态上长期强化，而吉林省与黑龙江省的稳态分布与东北地区整体接近，其中吉林省在弱比较优势状态上长期保持，黑龙江省在强比较优势状态上长期保持。

第四，根据东北地区比较优势产业技术含量变化情况，东北地区的比较优势产业越来越多地集中于低技术含量的产业类型，在低技术产业领域的优势越来越明显。

通过对东北地区比较优势的内部流动性、外部形态的专业化程度和技术含量水平三个方面分析，可知东北地区产业升级的流动性及专业化分工下降，主要体现在弱比较优势和弱比较劣势方面，而在强比较优势方面则体现出较强的固化特征，并具备长期的稳态趋势，且强优势产业聚集于低技术产业类型，强比较优势状态的产业面临陷入“比较优势陷阱”的风险。同时，对东北三省进行分析后发现，辽宁省在强比较劣势状态上的固态特征极强，并且具有长期的稳态特征，说明辽宁省的产业发展面临的首要问题并不是是否落入“比较优势陷阱”的问题，而是大范围的产业衰退问题。通过对吉林省和黑龙江省产业升级“比较优势陷阱”的分析发现，两省的风险程度远超过辽宁省，并且黑龙江省在强比较优势上面临的“比较优势陷阱”风险极其巨大。东北地区当前正处于地区发展的关键时刻，政策方面虽然获得有力的支持，但陷入“比较优势陷阱”的风险也很高。

东北地区以往所特有的优势如今成为阻碍发展的明显劣势，其资源优势和劳动力优势导致东北地区企业普遍缺少创新的动力。如果不能及时作出调整，东北地区将被限定在只能生产低端初级产品的水平。

第六章　东北地区产业升级是否遵循比较优势分析

本章在前述内容基础上，进一步探究东北地区产业升级是否对地区比较优势产生路径依赖，进而找到适合东北地区经济发展的产业升级路径。

产业度在一定程度上体现地区的经济增长方式及资源禀赋状况，通常指一个地区的经济结构具有向更高一级经济结构转换的能力。因此，本章用产业度来表征产业比较优势，即产业生产能力的积累，探究东北地区产业度与产业升级之间的关系，考察东北地区产业升级是否遵循比较优势。

第一节　模型的构建

一、东北地区比较优势与产业升级关系的模型构建

为了研究东北地区比较优势与产业升级关系，本书通过检验东北地区产业度与产业升级的关系，构建模型如式（6-1）所示。

$$y = f(\omega) \tag{6-1}$$

式中，y 表示产业升级指标。

在了解东北地区比较优势与产业升级关系基础上，进一步分析东北地区比较优势对产业升级产生何种影响。同理，通过检验分析东北地区产业度对产业升级产生的影响。考虑到影响产业升级的因素很多，并且产业升级是随自身发展而不断推进的过程，具有一定的内生性，所以将滞后一期的产业升级指标加入模型中，如式（6-2）所示。

$$x_{i,t}=\alpha+\gamma x_{i,t-1}+\beta\omega_{i,t-1}+\delta d+\varepsilon \tag{6-2}$$

式中，α 表示截距项；d 表示虚拟变量，是不随时间变化的产业个性化特征的控制变量；δ 表示虚拟变量系数；γ 表示产业升级的累积效应，$\gamma>0$，说明产业升级过程中升级状况对下期升级有影响；产业度对产业升级的影响通过系数 β 得以体现，$\beta>0$，说明产业度对产业升级有正向影响，$\beta<0$，说明产业度对产业升级有负向影响。

二、东北地区产业升级是否遵循比较优势的模型构建

在上述模型基础上构建如下模型，检验东北地区产业升级路径是否遵循比较优势，如式（6-3）所示。

$$x_{i,t}=\alpha+\gamma x_{i,t-1}+\beta_1 x_{i,t-1}\omega_{i,t-1}+\beta_2(1-x_{i,t-1})\omega_{i,t-1}+\delta d+\varepsilon \tag{6-3}$$

式中，β_1、β_2 表示产业度对产业升级的影响，β_1、$\beta_2>0$，说明产业度对产业升级有正向影响，β_1、$\beta_2<0$，说明产业度对产业升级有负向影响。$\gamma>0$，说明产业升级过程中升级状况对下期升级有影响。

以上模型判断产业升级是否遵循比较优势，通过系数 β_1、β_2 得以体现，以此检验产业生产能力禀赋（产业度）在产业升级或产业失势过程中发挥了何种作用。当 $x_{i,t-1}=1$ 时，则 $(1-x_{i,t-1})\,\omega_{i,t-1}=0$，禀赋优势通过 β_1 影响产业失势（或保持优势）。系数 β_1 表示产业度在产业失势或保持优势中的作用，即禀赋优势与产业失势或保持优势的关系，β_1 大于 0，说明该地区禀赋优势阻止了产业失势，又或禀赋优势帮助了产业保持优势；β_1 不显著或者小于 0，说明地区产业失势或保持优势与禀赋优势关系不大，即该地区禀赋优势没有阻止地区产业失势或帮助该地区保持产业优势水平。

当 $x_{i,t-1}=0$ 时，则 $x_{i,t-1}\omega_{i,t-1}=0$，禀赋优势通过 β_2 影响产业升级。β_2 大于 0，说明禀赋优势在产业升级过程中发挥了重要的正向作用，该地区产业升级借助了周边产业累积的生产能力，产业升级依赖禀赋优势，升级路径遵循比较优势。

系数越大，产业升级路径越依赖比较优势；系数越小，产业升级路径越不依赖积累的禀赋优势。

第二节　东北地区比较优势与产业升级关系

一、东北地区产业升级状态

产业升级成功表示从不具有比较优势转变为具有比较优势；产业升级未成功表示产业一直处于不具有比较优势状态；失去比较优势表示从具有比较优势转变为不具有比较优势；产业继续保持比较优势表示产业一直具有比较优势状态。每个时期各产业比较优势水平会有两种可能结果（RCA>1 或 RCA<1）。本书对产业比较优势水平按时间维度进行进一步分析，借鉴邓向荣的分类方法，将各产业的优势发展状态划分为升级成功、升级未成功、失去比较优势、继续保持比较优势四种情况。其中，升级成功表示 t 时期 $x_{i,t}=1$，$t-1$ 时期 $x_{i,t-1}=0$；升级未成功表示 t 时期 $x_{i,t}=0$，$t-1$ 时期 $x_{i,t-1}=0$；失去比较优势表示 $x_{i,t}=0$，$t-1$ 时期 $x_{i,t-1}=1$；保持比较优势表示 t 时期 $x_{i,t}=1$，$t-1$ 时期 $x_{i,t-1}=1$。东北地区各产业升级状态如表 6–1 所示。

表 6–1　东北地区产业升级状态

产业类型	2005—2010 年	2010—2015 年	2005—2015 年
煤炭开采与洗选业	未成功	未成功	未成功
烟草制品业	未成功	未成功	未成功
纺织业	未成功	未成功	未成功
纺织服装、鞋帽制造业	未成功	未成功	未成功
皮革、毛皮、羽毛及其制品业	未成功	未成功	未成功
造纸和纸制品业	未成功	未成功	未成功
印刷和记录媒介复制业	未成功	未成功	未成功

续表

产业类型	2005—2010 年	2010—2015 年	2005—2015 年
文教、体育用品制造业	未成功	未成功	未成功
化学原料和化学制品制造业	未成功	未成功	未成功
化学纤维制造业	未成功	未成功	未成功
橡胶和塑料制品业	未成功	未成功	未成功
有色金属冶炼和压延加工业	未成功	未成功	未成功
金属制品业	未成功	未成功	未成功
电器机械和器材制造业	未成功	未成功	未成功
计算机、通信和其他电子设备制造业	未成功	未成功	未成功
仪器仪表制造业	未成功	未成功	未成功
工艺品及其他制造业	未成功	未成功	未成功
废弃资源综合利用业	未成功	未成功	未成功
煤气生产和供应业	未成功	未成功	未成功
水的生产和供应业	未成功	未成功	未成功
有色金属矿采选业	未成功	成功	成功
非金属矿采选业	成功	保持优势	成功
食品制造业	成功	保持优势	成功
饮料制造业	成功	保持优势	成功
非金属矿物制造业	成功	保持优势	成功
专用设备制造业	成功	保持优势	成功
石油和天然气开采业	保持优势	保持优势	保持优势
黑色金属矿采选业	保持优势	保持优势	保持优势
农副食品加工业	保持优势	保持优势	保持优势
木材加工和木、竹、藤、草制品业	保持优势	保持优势	保持优势
石油加工、炼焦和核燃料加工业	保持优势	保持优势	保持优势
医药制造业	保持优势	保持优势	保持优势
黑色金属冶炼和压延加工业	保持优势	保持优势	保持优势
通用设备制造业	保持优势	保持优势	保持优势
交通运输设备制造业	保持优势	保持优势	保持优势

续表

产业类型	2005—2010 年	2010—2015 年	2005—2015 年
家具制造业	保持优势	失去优势	失去优势
热力电力生产及供应业	失去优势	未成功	失去优势

从东北地区产业升级状态的整体情况看，2005—2015 年升级成功的产业有 6 个，升级未成功的产业为 20 个，失去比较优势的产业 2 个，继续保持比较优势的产业 9 个，四种状态的产业数量比为 6：20：2：9。可以看出，2005 年以来，东北地区绝大多数产业处于产业升级未成功状态，未升级成功的产业数量所占比例达到 54%，而升级成功的产业数量所占比例仅为 16%，东北地区产业升级问题较严峻。

从东北地区各时期产业升级状态看，2005—2010 年，东北地区升级未成功的产业 21 个，升级成功的产业 5 个，继续保持比较优势的产业 10 个，失去比较优势的产业 1 个，四种状态的产业数量比为 21：5：10：1；2010—2015 年，东北地区升级未成功的产业 21 个，升级成功的产业 1 个，继续保持比较优势的产业 14 个，失去比较优势的产业 1 个，四种状态的产业数量比为 21：1：14：1。可以看出，“十一五”时期（2005—2010 年）产业升级成功比例远远高于“十二五”时期（2010—2015 年），除有色金属矿采选业以外，东北地区升级成功的产业都是在“十一五”时期完成升级成功的，这说明东北地区产业升级问题亟待解决。

二、东北地区产业度分析

在产业空间结构下，产业度是地区层面衡量某一产业与该地区其他经过市场选择检验（具有显性比较优势）的产业的综合联系程度的指标，体现该地区产业与周围优势产业之间的密集程度。产业度越大，该产业周围具有显性比较优势的产业数量越多，周围的优势产业越密集。本书借鉴李月等（2013）的研究方法，从产业度变动、高密度产业类型、东北地区产业经济结构转换能力等方面进行详细分析。

（一）东北地区产业度变动趋势

地区的产业度在一定程度上体现地区的经济增长方式及资源禀赋状况，通常指一个地区的经济结构具有向更高一级经济结构转换的能力。地区的平均产业度越大，该地区的产业整体竞争力就越强，向更高一级经济结构转换所需具备的条件就更充分，转换的速度也就越快，成功率越高。

从东北地区产业密度分布变化趋势（图 6–1）看，其随时间推移总体呈现向右推移、产业密度均值增加的特征。从东北地区 2005—2015 年平均产业密度变动趋势（图 6–2）看，2005 年，东北地区各产业平均密度为 0.296，到 2015 年，东北地区各产业的平均密度达到 0.447，总体呈现大幅度上升的趋势。

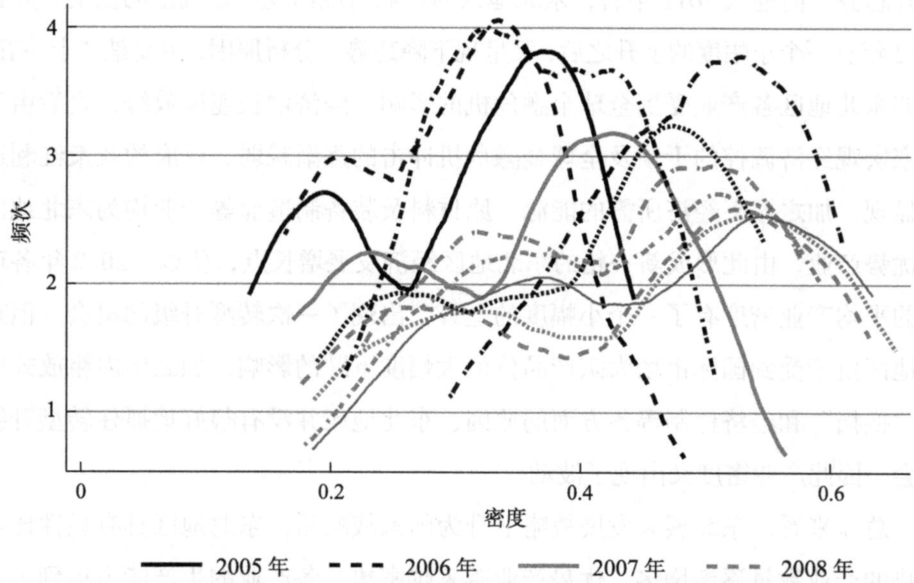

图 6–1　东北地区 2005—2015 年产业密度分布

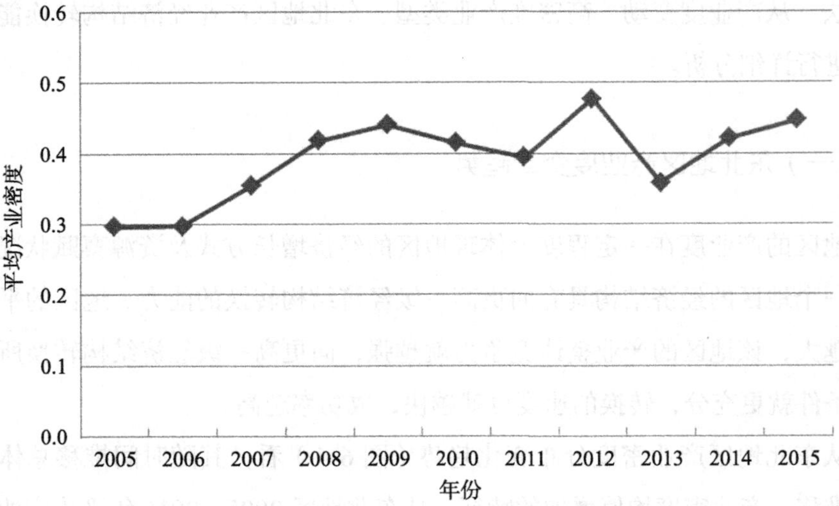

图 6-2　东北地区 2005—2015 年平均产业密度变动趋势

从各时期东北地区产业密度变化看，2005—2010 年的平均产业密度呈明显上升趋势，但进入 2011 年后，东北地区的产业密度出现一定幅度的波动，并在 2012 年有一个小幅度的上升之后，又呈现下降趋势。分析原因，主要是“十一五”后期东北地区各产业受到全球金融危机的影响，经济增长速度放缓，之后由于国家宏观经济调控的干预及全球金融危机冲击的逐渐减弱，政府的政策红利逐渐显现，加之振兴经济所需的能源、原材料及装备制造业等产业均为东北地区的优势产业，由此形成新一轮的东北地区经济发展增长点，所以，2012 年各产业的平均产业密度有了一个小幅度的上升，出现了一次转型升级的机会。但东北地区由于受到国际市场大宗产品价格大幅度下跌的影响，加之国内粗放式经济“换挡”和经济体制等各方面的原因，东北地区并没有很好地抓住转型升级机会，因此产业密度又出现了波动。

总体来看，东北振兴发展战略上升为国家战略后，东北地区具有显性比较优势的产业数量逐渐增多，优势产业越来越密集，各产业的生产能力得到了积累和加强。特别在“十一五”期间，东北地区的产业竞争力整体较强，向更高一级升级的能力也较高，产业升级所需的相关要素容易获得，实现区域产业升级的能力逐渐加强，而“十二五”时期的经济结构转换能力受到了限制，转换速度没有进一步提高，成功率也相应地受到了影响。

（二）东北地区高密度产业类别

从东北地区产业密度排名前十位（表6-2）的产业类别看，东北地区产业密度排名前十位的产业主要为黑色金属矿采选业，石油天然气开采业，石油加工、炼焦和核燃料加工业，农副食品加工等资源密集型产业。

从产业技术性和连通性看，在东北地区产业密度排名前十位的产业中，高技术产业中只有交通运输设备制造业进入前十名，并且排名有所下降，从2005—2010年的第七位下降至2010—2015年的第十位。2005—2010年，东北地区产业密度排名前十位的产业中，有3个是中技术产业，但到了2010—2015年，仅有石油加工、炼焦和核燃料加工业为中技术产业，其他均为低技术产业，但产业的连通性明显比2005—2010年加强，高连通产业数量占50%，说明东北地区的产业发展体现了产业之间的紧密连接程度，但未来向高技术产业升级发展的难度逐步加大。

表6-2　东北地区产业密度排名前十位

排名	2005—2010年		2010—2015年	
	产业类别	产业类型	产业类别	产业类型
1	石油和天然气开采业	低技术－低连通	黑色金属矿采选业	低技术－中连通
2	石油加工、炼焦和核燃料加工业	中技术－低连通	农副食品加工业	低技术－高连通
3	黑色金属矿采选业	低技术－中连通	石油和天然气开采业	低技术－低连通
4	农副食品加工业	低技术－高连通	有色金属矿采选业	低技术－中连通
5	医药制造业	低技术－高连通	饮料制造业	低技术－高连通
6	黑色金属冶炼和压延加工业	中技术－中连通	石油加工、炼焦和核燃料加工业	中技术－低连通
7	交通运输设备制造业	高技术－低连通	木材加工和木、竹、藤、草制品业	低技术－高连通

续表

排名	2005—2010年		2010—2015年	
	产业类别	产业类型	产业类别	产业类型
8	有色金属矿采选业	低技术 – 中连通	非金属矿物制造业	低技术 – 高连通
9	饮料制造业	低技术 – 高连通	医药制造业	低技术 – 高连通
10	食品制造业	中技术 – 高连通	交通运输设备制造业	高技术 – 低连通

因此，依靠比较优势的产业升级路径存在着很大的风险。产业类型不同、产业比较优势状况不同，其未来遵循的升级路径也应有所不同。为此，我们结合产业升级的各种状态及产业密度对东北地区产业升级路径的影响进行进一步分析。

三、东北地区比较优势与产业升级关系实证分析

从东北地区产业升级概率密度分布来看（图 6–3），东北地区升级成功的产业，其产业度集中在密度值较高的位置；未升级成功的产业，其产业度集中在密度值较低的水平，并且升级成功的产业平均密度值远远高于未升级成功的密度值。

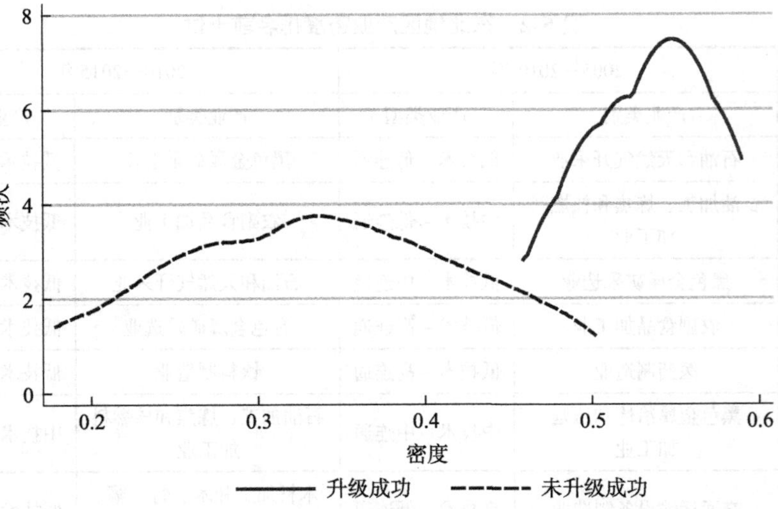

图 6–3　东北地区产业升级概率密度分布

本书运用 Stata12.0 软件对模型进行实证检验，对东北地区产业升级与比较优势的关系进行进一步验证。

首先，由表 6–3 可以看出，进行 Probit 和 Logit 估计的 χ^2 检验和进行 OLS 估计的 F 检验的 P 值均在 0.01 以下，拒绝原假设，说明模型的建立和选取在统计上具有有效性和一致性。

其次，考察东北地区产业升级是否具有累积效应。从回归结果可以看出，东北地区产业升级指标的滞后项 (x_{t-1}) 在 1% 的水平上都通过了检验，说明东北地区各期的产业升级状况对下期产业升级的影响效果明显，并且影响系数大于 0，表明东北地区产业升级具有很强的累积效应。

最后，考察东北地区产业升级是否与比较优势有关。从东北地区产业密度对产业升级的影响结果来看，系数 β 在 5% 的水平上都通过检验，可见东北地区生产能力禀赋优势对产业升级具有显著影响，影响系数为正，说明随着产业密度的提高、生产能力禀赋优势的加强，产业升级的可能性也随之增大。东北地区的比较优势水平对产业升级结果具有很强的正向作用，极大地促进了东北地区的产业升级，并为推动升级提供强有力的支撑。

表 6–3　东北地区比较优势对产业升级影响估计结果

解释变量	Probit	Logit	OLS
$x_{i,t-1}(\gamma)$	2.566103*** (10.45)	4.428237 *** (9.41)	0.7943076*** (21.87)
$\omega_{i,t-1}(\beta)$	2.953985*** (2.71)	6.071426*** (2.73)	0.3931661*** (2.81)
constant	–2.525842*** (–6.15)	–4.767015*** (–5.48)	–0.060855 (–1.27)
χ^2	320.11 [0.0000]	320.14 [0.0000]	—
F	—	—	525.63 [0.0000]

注：Probit 和 Logit 系数下面圆括号内的数值为该系数的 Z 值，OLS 系数下面圆括号内的数值为该系数的 t 值；方括号内的数值为该检验统计量的 P 值。

*** 代表参数值在 1% 水平上显著。

第三节　东北地区产业升级是否遵循比较优势实证结果分析

一、东北地区整体实证结果分析

本书根据东北地区显性比较优势的变化趋势特征，以5年为一期，将振兴东北上升为国家战略以来的时间段划分为两个时期，考察东北地区比较优势对产业升级演进历程的影响。

首先，从各考察期（表6–4、表6–5、表6–6）的估计结果可以看出，Probit和Logit估计的χ^2检验和OLS估计的F检验均在1%水平下显著，说明本书建立的产业升级路径依赖模型在统计上是合理有效的。

其次，从各考察期（表6–4、表6–5、表6–6）的自相关性来看，解释变量$x_{i,t-1}$的系数γ均显著并且大于零，说明东北地区的产业升级存在自相关，产业升级过程中的积累效应明显 。从产业升级积累效应的发展变化看，2010—2015年的系数γ低于2005—2010年的系数γ，说明东北地区2010年后产业升级的积累效应开始下降。

再次，从各考察期（表6–4、表6–5、表6–6）系数β_1的估计结果看，系数β_1各回归检验除2010—2015年进行OLS在10%水平上通过检验外，其余时期均不显著，说明当东北地区产业具有显性比较优势时，即RCA大于或等于1，其生产能力禀赋优势在阻止产业失势或帮助产业保持优势过程中没有发挥任何作用，其未来的产业升级不能走依靠比较优势的产业升级路径。从前面的分析中也可以看出，东北地区的强比较优势具有较强的“自我强化”特征，并且固化于低技术产业，说明东北地区的优势产业存在掉入“比较优势陷阱”的风险。综上所述，东北地区的优势产业只有走依靠技术创新的产业升级路径才能摆脱现有的困境，实现迈向价值链高端的产业升级。

表 6–4　东北地区 2005—2010 年产业升级是否遵循比较优势估计结果

解释变量	Probit	Logit	OLS
$x_{i,t-1}(\gamma)$	3.63666*** （2.76）	6.475155** （2.30）	0.937463*** （5.55）
$x_{i,t-1}\omega_{i,t-1}(\beta_1)$	1.3044 （0.54）	2.992866 （0.57）	0.1739797 （0.56）
$(1-x_{i,t-1})\ \omega_{i,t-1}(\beta_2)$	3.721041** （2.06）	7.609048** （2.08）	0.5039726*** （2.23）
constant	–2.700896*** （–4.21）	–5.134333*** （–3.72）	–0.0816083* （–1.16）
χ^2	161.39 [0.0000]	161.44 [0.0000]	—
F	—	—	180.50 [0.0000]

注：Probit 和 Logit 系数下面圆括号内的数值为该系数的 Z 值，OLS 系数下面圆括号内的数值为该系数的 t 值；方括号内的数值为该检验统计量的 P 值。

*、**、*** 分别代表参数值在 10%、5%、1% 水平上显著。

表 6–5　东北地区 2010—2015 年产业升级是否遵循比较优势估计结果

解释变量	Probit	Logit	OLS
$x_{i,t-1}(\gamma)$	1.995645 （1.25）	3.030329 （0.95）	0.608717*** （2.76）
$x_{i,t-1}\omega_{i,t-1}(\beta_1)$	3.822408 （1.40）	8.233869 （1.50）	0.6684916* （1.71）
$(1-x_{i,t-1})\ \omega_{i,t-1}(\beta_2)$	2.467721 （1.21）	4.968627 （1.18）	0.2500707 （1.10）
constant	–2.51744*** （–3.19）	–4.707306*** （–2.80）	–0.0339652 （–0.42）
χ^2	199.32 [0.0000]	199.43 [0.0000]	—
F	—	—	230.17 [0.0000]

注：Probit 和 Logit 系数下面圆括号内的数值为该系数的 Z 值，OLS 系数下面圆括号内的数值为该系数的 t 值；方括号内的数值为该检验统计量的 P 值。

*、**、*** 分别代表参数值在 10%、5%、1% 水平上显著。

表 6–6　东北地区 2005—2015 年产业升级是否遵循比较优势估计结果

解释变量	Probit	Logit	OLS
$x_{i,t-1}(\gamma)$	2.772285*** （2.70）	4.73259** （2.29）	0.7845711*** （5.52）
$x_{i,t-1}\omega_{i,t-1}(\beta_1)$	2.644693 （1.43）	5.612557 （1.49）	0.4086817 （1.57）
$(1-x_{i,t-1})\ \omega_{i,t-1}(\beta_2)$	3.119727** （2.30）	6.320081** （2.28）	0.3868154** （2.32）
constant	–2.585075*** （–5.13）	–4.859737*** （–4.54）	–0.0588185 （–1.05）
χ^2	320.15 [0.0000]	320.16 [0.0000]	—
F	—	—	349.47 [0.0000]

注：Probit 和 Logit 系数下面圆括号内的数值为该系数的 Z 值，OLS 系数下面圆括号内的数值为该系数的 t 值；方括号内的数值为该检验统计量的 P 值。

*、**、*** 分别代表参数值在 10%、5%、1% 水平上显著。

最后，从系数 β_2 的估计结果看，东北地区的系数 β_2 除 2010—2015 年不显著外，其余阶段均通过检验，并且系数 β_2 显著大于零，说明东北地区的比较优势与产业升级存在明显的正向关系。产业由不具有显性比较优势发展到具有显性比较优势的升级过程中，禀赋优势在产业升级过程中发挥了重要的促进作用，产业升级的机会随产业生产能力禀赋优势的增加而增加。从产业空间邻近产业间的知识溢出及技术扩散来看，不具有比较优势的产业能够获得更高的产业结构转换能力，进而有向更高层次升级的可能，适合走遵循比较优势的产业升级路径。

二、东北三省实证结果分析

在研究东北地区整体产业升级路径基础上，本书运用 Stata12.0 软件对辽宁省、吉林省、黑龙江省的产业升级是否遵循比较优势的问题进行进一步分析。

本书采用两种动态面板 GMM 对模型进行估计，分别为差分 GMM 和系统 GMM，辽宁省、吉林省、黑龙江省的估计结果如表 6–7、表 6–8、表 6–9 所示。

从辽宁省、吉林省和黑龙江省的动态面板估计结果可以看出，Sargan 检验的 P 值均在 0.1 以上，不能拒绝原假设，说明东北三省对于模型的过度识别约束有效，并且工具变量的选取也是有效的。二阶序列相关 AR（2）的结果表明，误差项不存在二阶自相关。

表 6–7　辽宁省动态面板估计结果

解释变量	差分 GMM	系统 GMM
$x_{i,t-1}(\gamma)$	0.420337*** （1.87）	1.222486*** （9.98）
$x_{i,t-1}\omega_{i,t-1}(\beta_1)$	−1.0364*** （−3.72）	−2.31208** （−14.81）
$(1-x_{i,t-1})\ \omega_{i,t-1}(\beta_2)$	0.143406** （2.47）	0.186819* （0.7）
constant	0.221914*** （4.26）	0.138506 （1.03）
AR（2）	−0.682 [0.4952]	0.76328 [0.4453]
Sargan 检验	10.13494 [0.78342]	23.66637 [0.6537]

注：圆括号内的数值为该系数的 Z 值；方括号内的数值为该检验统计量的 P 值。
*、**、*** 分别代表参数值在 10%、5%、1% 水平上显著。

表 6–8　吉林省动态面板估计结果

解释变量	差分 GMM	系统 GMM
$x_{i,t-1}(\gamma)$	0.0226538*** （5.74）	0.255617*** (272.67)
$x_{i,t-1}\omega_{i,t-1}(\beta_1)$	−0.1439386*** （−8.58）	−0.00789*** (−10.06)
$(1-x_{i,t-1})\ \omega_{i,t-1}(\beta_2)$	0.5636974*** （38.2）	0.62544*** (293)

续表

解释变量	差分 GMM	系统 GMM
constant	0.1721524*** （5.8）	0.116246*** (152.3)
AR（2）	–0.682 [0.4952]	–0.58775 [0.5567]
Sargan 检验	10.13494 [0.78342]	33.66053 [0.8612]

注：圆括号内的数值为该系数的 *Z* 值；方括号内的数值为该检验统计量的 *P* 值。
*、**、*** 分别代表参数值在 10%、5%、1% 水平上显著。

表 6–9 黑龙江省动态面板估计结果

解释变量	差分 GMM	系统 GMM
$x_{i,t-1}(\gamma)$	1.148592*** （7.92）	1.1965*** （6.41）
$x_{i,t-1}\omega_{i,t-1}(\beta_1)$	–2.2495*** （–5.15）	–2.17217*** （–4.2）
$(1-x_{i,t-1})\ \omega_{i,t-1}(\beta_2)$	0.572427** （1.99）	0.615674 （1.82）
constant	0.011715 （0.27）	0.004087 （0.07）
AR（2）	–0.4075 [0.6836]	–0.32166 [0.7477]
Sargan 检验	16.67599 [0.8325]	15.55034 [0.5632]

注：圆括号内的数值为该系数的 *Z* 值；方括号内的数值为该检验统计量的 *P* 值。
*、**、*** 分别代表参数值在 10%、5%、1% 水平上显著。

首先，分析解释变量 $x_{i,t-1}$ 的系数 γ，以此考察东北三省产业升级的积累效应。从辽宁省、吉林省和黑龙江省的产业升级自相关性看，无论是差分 GMM 还是系统 GMM，三个省份的解释变量 $x_{i,t-1}$ 的系数 γ 均显著，并且大于零，说明辽宁省、吉林省和黑龙江省的产业升级存在显著的自相关性，产业升级过程中的产业升级状况对下期升级有影响，积累效应在产业升级过程中发挥着重要的作用。

其次，分析解释变量 $x_{i,t-1}\,\omega_{i,t-1}$ 的系数 β_1。从辽宁省、吉林省和黑龙江省的估计结果看，三个省份的系数 β_1 均显著，并且小于零，说明东北三个省份的产业密度在具有显性比较优势产业上并没有起到任何阻止产业失势或者继续保持优势的作用，反而对产业失势或继续保持比较优势水平起到了相反的负面作用。结合三个省份的优势产业均处于低技术水平这一状况，东北三省的优势产业不适合走依靠比较优势的产业升级路径，反而需依靠技术创新，提高产业技术水平，以此推动产业升级，实现东北地区优势产业发展。

最后，分析解释变量 $(1-x_{i,t-1})\,\omega_{i,t-1}$ 的系数 β_2。从辽宁省、吉林省和黑龙江省的估计结果看，东北三省除黑龙江省的系统 GMM 不显著外，其余均通过检验，并且估计系数 β_2 显著大于零，说明辽宁省、吉林省和黑龙江省的产业在由不具有显性比较优势发展到具有显性比较优势的升级过程中，产业密度发挥了重要的作用，禀赋优势与产业升级存在明显的正向关系。在产业空间中，产业密度体现的是非优势产业与周围比较优势产业之间的邻近距离，非优势产业可以在比较优势演化的产业空间中获得禀赋优势，以此提高产业结构转换能力，可见走遵循比较优势的产业升级路径更适合东北三省非优势产业的升级发展。

值得注意的是，结合东北地区“比较优势陷阱”的分析结果，我们看到，东北地区的强劣势产业具有较强的固化特征，劣势地位的“自我强化”尤为明显，如走遵循比较优势演化的产业升级路径，会使其劣势地位更加突出，产业未来的竞争力会下滑，故在分析东北地区非优势产业时，需结合具体的显性比较优势水平，具体问题具体分析，本书将在第七章详细讨论东北地区各产业升级路径选择。

第四节 小 结

本章验证了产业空间的异质性，得出不同产业之间具有很强的异质性特征，获得了东北地区产业升级路径依赖的重要理论依据，并在此基础上分析了东北地区不同的产业升级状态及代表生产能力资源禀赋的产业密度，描述了东北地区产业升级状态和产业密度的现状及演变趋势，并根据各阶段的动态面板数据模型，深入刻画了东北地区产业升级路径的依赖性问题，接着对东北地区产业升级是否遵循比较优势问题进行了详细的研究，找到了东北地区产业升级的遵循路径，为政策制定提供了依据。

第一，东北地区的产业升级在2005—2010年升级成功比例远远高于2010—2015年，除有色金属矿采选业以外，东北地区升级成功的产业都是在2005—2010年完成升级的。

第二，东北地区产业密度分布随时间推移总体呈现向右推移、产业密度增加的特征，聚集的具有显性比较优势产业数量逐渐增多，优势产业之间越来越密集，各产业的生产能力得到了积累和加强。其中，2005—2010年产业竞争力整体较强，向更高一级升级的能力也较强，因此实现产业升级的能力较强；2010—2015年的经济结构转换能力受到了限制，转换速度没有进一步提高，产业升级所需的相关要素不容易获得，成功率有所降低。

第三，东北地区产业密度主要集中于黑色金属矿采选业等资源密集型产业领域，在技术密集型的高技术产业领域相对较弱，产业密度体现了产业之间的紧密程度，东北地区的资源密集型产业遵循现有路径向高技术产业升级发展的难度较大。

第四，东北地区的优势产业，其生产能力禀赋优势在阻止产业失势或帮助产业保持优势过程中没有发挥任何作用，其未来的产业升级不能走依靠比较优势的产业升级路径，只有走依靠技术创新的产业升级路径才能摆脱现有的困境，实现迈向价值链高端的产业升级。

第五，东北地区的非优势产业，生产能力禀赋优势与产业升级存在明显的正向关系，产业在由不具有显性比较优势发展到具有显性比较优势的升级过程中，比较优势在产业升级过程中发挥了重要的促进作用，产业升级的机会随产业生产能力禀赋优势的增加而增加。但同时，由于东北地区的强劣势产业具有较强的固化特征，劣势地位的“自我强化”尤为明显，故在分析东北地区非优势产业时，需结合具体的显性比较优势水平具体问题具体分析。

第七章　东北地区产业升级路径选择

本章从实际出发，结合前文涉及的可能出现的“断档”等相关问题，研究正在受到经济塌陷困扰的东北地区各产业的升级路径，为实现东北地区产业升级、促进经济增长、制定产业政策提供依据。

第一节　东北地区优势产业升级路径选择

根据四种比较优势状态划分，强优势产业范围近似于具有显性比较优势产业范围，即强优势产业约等于比较优势产业。根据前文研究结果，东北地区的优势产业共 14 个，分别是通用设备制造业，交通运输设备制造业，食品制造业，专用设备制造业，黑色金属冶炼和压延加工业，非金属矿采选业，非金属矿物制造业，农副食品加工业，饮料制造业，医药制造业，木材加工和木、竹、藤、草制品业，黑色金属矿采选业，石油和天然气开采业，石油加工、炼焦和核燃料加工业。

一、东北地区依靠技术创新跨越“比较优势陷阱”升级路径选择

首先，东北地区的强比较劣势具有较强的“自我强化”特征，并且固化于低技术产业，说明东北地区的优势产业存在“比较优势陷阱”风险。与此同时，当东北地区产业具有显性比较优势时，其生产能力禀赋优势在阻止产业失势或帮助产业保持优势过程中没有发挥任何作用，要想实现经济向更高层次转型，

重中之重是要脱离先天资源禀赋边际成本增加的束缚，发现并培育出新的比较优势，加速技术革新，推出多样化的产品，升级生产工艺，从而推动整体产业升级。

其次，比较优势的决定性因素是先天具有的要素禀赋与后天不断变化的技术能力、社会基础设施及由制度的合理性、灵活性等要素综合作用而生成的生产率差异。如果要改变现有产业层级限定，关键还是要把比较优势产业从比较低级的生产率水平升级成为具有较高生产率水平的产业，而技术创新是其中的决定性要素。

再次，东北地区优势产业升级不能走依靠比较优势的产业升级路径，只能走依靠技术创新的产业升级路径，更新落后的产能及生产环节，摆脱现有的困境，从而实现迈向价值链高端的产业升级。创新也会增加产业空间节点，使其他产业在进行升级时，可选择的产业升级路径更加丰富，从而降低了产业升级“潮涌”风险。

最后，长久以来，东北老工业基地问题一直受到人们的关注。东北老工业基地问题不是资源与禀赋的问题，因为东北地区有大量的技术工人、良好的工业基础和装备条件，也不是经济增长问题，而是技术创新的问题。创新是国家发展战略的重要组成部分，是区域经济增长、区域经济增长方式转变的重要支撑，是推动区域产业升级及竞争力提高的关键因素。技术创新的关键在于企业创新能力。由于企业是技术创新的主体，因而企业的创新能力尤为重要。对企业创新能力的评价，使我们可以客观了解这一区域企业创新能力的发展水平和发展现状，企业的创新能力不仅与创新投入等因素有关，与区域中的特定因素也紧密相关。本章通过建立系列动态面板数据模型，找出促进企业创新能力提升的关键因素及各因素相互配合的内部机理，为东北地区优势产业依靠技术创新跨越“比较优势陷阱”并推动产业升级提供了强有力的支持。

二、东北地区产业创新现状及发展趋势

本书所设计的指标体系既考虑了区域性，利于横向比较，又考虑了符合创新价值链过程的研究开发活动本身，兼具实用性。测度方法借鉴了胡海波（2010）的熵值法,充分考虑了指标包含和传输的信息量。但本书有所不同的是，在对指标进行标准化处理时，按不同地区和不同年份分别进行了处理，计算结果既可以进行区域间的比较，又可以进行发展趋势的比较。

（一）东北地区产业创新评价衡量与计算

1. 构建产业创新指标体系

企业的创新能力是一个综合指标，由创新投入能力、创新转化能力、创新产出能力及地区制度创新能力综合而成。企业创新投入能力是创新的资源能力，包括创新人员的投入、创新设备的投入、创新资金的投入，还包括企业开展创新活动的情况，其是创新的基础，是企业创新绩效的显性决定因素。企业创新转化能力是指企业以市场和社会需求为导向开展创新活动并最终实现科技成果产业化的能力。企业的创新活动主要指企业的技术引进、技术改造及技术推广等活动，可以用企业在创新活动各个环节的经费投入来衡量。值得注意的是，科技成果的转化能力与企业的吸收能力有很大的关联，吸收能力不仅决定企业对外界知识有效吸收、掌控、利用、提高的程度，还决定内部研发的深度和广度。因此，在衡量企业创新转化能力的指标中，加入技术引进消化吸收率这一指标是十分必要的。企业创新产出能力反映其通过创新活动，整合各种要素，取得主要研究成果和经济效益的能力。国际上通常使用专利拥有数、专利申请数、新产品销售收入、新产品产值来衡量创新的产出能力。本书提到的地区制度创新能力参照 2005 年 11 月 6 日国家统计局国家经济景气监测中心发布的《中国企业自主创新能力分析报告》的指标体系，以政府和金融机构资金支持的能力来衡量。

本章建立了一个衡量地区大中型企业创新能力的指标体系，如表 7–1 所示。

表 7–1　区域大中型企业创新能力评价指标体系

目标层	一级指标	二级指标	单位
综合创新能力	创新投入能力（X_1）	新产品开发经费强度	%
		R&D 人员全时当量比重	%
		人均 R&D 经费支出	万元 / 人
		R&D 投入强度	%
		科技机构科技活动人员人均活动经费	万元 / 人
		企业平均拥有科技机构数	个
	创新转化能力（X_2）	技术引进消化吸收率	%
		人均技术改造经费支出	万元 / 人
		人均购买国内经费支出	万元 / 人
	地区制度创新能力（X_3）	科技活动经费筹集额中政府资金比例	%
		技术活动经费筹集额中金融机构贷款比例	%
	创新产出能力（Y）	每万人拥有发明专利数	项 / 万人
		每万人专利申请数	项 / 万人
		新产品销售收入比率	%

2. 数据来源与处理

本书以全国 30 个省级行政区域（不包括台湾、西藏、香港、澳门）的大中型企业作为检验的样本，数据大部分来源于 1998—2016 年的《中国科技统计年鉴》，个别缺失的数据利用平均增长率法计算得到。

首先，计算经费支出存量。本书涉及的 R&D 经费内部支出、科技活动经费内部支出是流量指标，采用永续存盘法将其转化成存量指标［式（7-1）］。

$$R_{i,t} = R_{i,t-1}(1-\delta) + K_{i,t} \tag{7-1}$$

式中，R 表示 R&D 经费内部支出存量或科技活动经费内部支出存量；δ 表示经费支出存量在一期中的折旧率；K 则为当期的 R&D 经费内部支出或科技机构科技活动经费内部支出。

①构造经费内部支出价格指数。由于经费内部支出既包括相关设备购买的支出，也包括相关人员的工资支出，所以经费支出价格指数应是固定资产投资价格指数和消费价格指数的加权算术平均。朱平芳和徐伟民（2003）将其权重分别设定为0.55和0.45。本章对经费内部支出价格指数进行了重新构造，根据《中国科技统计年鉴》对经费内部支出的明细，计算1997—2015年经费内部支出中用于设备仪器和劳务费的支出比例分别为0.57和0.43，因此，本书将经费内部支出价格指数设定为

$$RP = 0.43 \times LP + 0.57 \times IP \tag{7-2}$$

式中，RP表示经费内部支出价格指数；LP表示消费价格指数；IP表示固定资产投资价格指数。

②运用经费内部支出价格指数对经费内部支出进行平减，并按照1996年价格进行折算。关于折旧率，我们采用文献中经常使用的经验设置，取$\delta = 15\%$。

③计算基期经费内部支出的存量。本章参考国内外相关文献中对基期经费内部支出存量的计算方法，采用式（7-3）进行估计：

$$R_0 = \frac{K_0}{(g+\delta)} \tag{7-3}$$

式中，R_0表示基期经费内部支出存量；K_0表示基期实际经费内部支出；g表示1997—2015年经费支出的平均增长率。

其次，消除价格因素的影响。本章的新产品销售收入比率及新产品产值率的计算均涉及销售收入、新产品销售收入和新产品产值指标。统计年鉴中的这些数据均是以当年价格计算的名义值，包含了价格变动的影响。为了消除价格因素的影响，本章用工业品出厂价格指数进行平减处理，统一折算成1996年不变价格。

技术引进消化吸收率等于消化吸收经费和技术引进经费之比。本章运用固定资产投资价格指数将技术改造经费、购买国内技术经费、消化吸收经费和技术引进经费平减为1996年的不变价格。

最后，计算地区权重。本章利用熵值法对不同地区各个指标的权重进行赋值。熵值法的赋值步骤为：

设 $x_{t,j}$（t 为时间，$t = 1, 2, \cdots, n$；j 为指标个数，$j = 1, 2, \cdots, m$）为第 i 年的第 j 项指标的观测数据。

①计算每一个指标下每一年的特征比重：

$$f_{t,j} = \frac{x_{t,j}}{\sum_{t=1}^{n} x_{t,j}} \tag{7-4}$$

②计算每一个指标的熵值：

$$e_j = -k\sum_{t=1}^{n} f_{t,j}\ln\left(f_{t,j}\right),\quad k = \frac{1}{\ln n} \tag{7-5}$$

③计算每一个指标的差异性系数：$g_j = 1 - e_j$，g_j 越大，说明该指标在各年的差异程度越大。

④计算权数：

$$w_j = \frac{g_j}{\sum_{j=1}^{m} g_j} \tag{7-6}$$

3. 进行标准化处理

无量纲化处理是为了消除指标之间具有的不可公度性。本章采用极差变换法对原始数据进行处理，由于所选取指标的数值全部为正值，所以本章采用正向指标的处理方法，具体来讲，一是当比较不同地区大中型工业企业的创新能力时，无量纲公式为

$$z_{i,j} = \frac{x_{i,j} - \min x_{i,j}}{\max x_{i,j} - \min x_{i,j}} \tag{7-7}$$

二是当比较不同年份大中型工业企业的创新能力时，无量纲化公式为

$$z_{t,j}^{*} = \frac{x_{t,j} - \min x_{t,j}}{\max x_{t,j} - \min x_{t,j}} \tag{7-8}$$

4. 创新能力的计算方法

本章采用加权算术平均，计算地区大中型工业企业的投入、转化、产出能力及地区的制度创新能力。

①计算每一年各地区或省份的创新能力时的方法

$$\begin{cases} x_1 = \sum_{j=1}^{6} z_j \times w_j \\ x_2 = \sum_{j=7}^{9} z_j \times w_j \\ y = \sum_{j=10}^{12} z_j \times w_j \\ x_3 = \sum_{j=13}^{14} z_j \times w_j \\ x = (x_1 + x_2 + y) \times x_3 \end{cases} \tag{7-9}$$

②计算每一地区不同年份的创新能力时的方法

$$\begin{cases} x_1 = \sum_{j=1}^{6} z_j^* \times w_j \\ x_2 = \sum_{j=7}^{9} z_j^* \times w_j \\ y = \sum_{j=10}^{12} z_j^* \times w_j \\ x_3 = \sum_{j=13}^{14} z_j^* \times w_j \\ x = (x_1 + x_2 + y) \times x_3 \end{cases} \tag{7-10}$$

（二）东北地区产业创新现状与比较

本部分分析数据是根据每一年各地区或省份创新能力的计算方法得到的，通过分析创新能力的各维度在八大综合经济区的排名，找出东北地区创新能力的发展水平与差距。

1. 东北地区创新投入现状

由表 7–2 可以看出，东北地区创新投入能力在八大地区处于中下游水平，但处于上升趋势，由 2000 年的第八位、2006 年的第六位上升到 2015 年的第四位，说明东北地区大中型企业创新投入能力发展很快。

表 7–2　1997—2015 年东北地区创新能力在八大地区的排名

年份	创新投入能力	创新转化能力	创新产出能力	地区制度创新能力	综合创新能力
1997	5	6	6	7	7
1998	6	7	5	7	8
1999	7	7	6	7	7
2000	8	3	8	7	8
2001	6	8	8	7	8
2002	7	5	8	7	7
2003	5	7	6	7	8
2004	4	5	8	7	7
2005	3	1	7	7	7
2006	6	6	8	4	6
2007	4	4	7	7	7
2008	4	1	8	7	8
2009	4	4	7	7	8
2010	4	3	7	7	8
2011	3	3	8	2	4
2012	4	2	8	2	4
2013	5	2	8	2	4
2014	3	3	8	2	2
2015	4	3	8	2	3

2. 东北地区创新转化现状

从表 7–2 可以看出，东北地区创新转化能力发展较快，从 1998 年的第七位、2001 年的第八位，上升到 2008 年的第一位；2009 年有所下降，2010 年又上升到第三位，2012 年进一步上升到第二位，到 2015 年排名第三，说明东北地区非常注重科技与经济的结合，加大了科技成果转化经费的投入，使创新转化能力有了很大的提高。但同时，我们也看到东北地区的创新转化能力的提高并没有带动创新产出的增加。根据创新结果的排名，我们可以初步认为东北地区创新成果转化率仍然很低，创新转化并没有完全实现。

3. 东北地区创新产出现状

从表 7–2 中可以看出，东北地区创新产出能力在八大综合经济区中一直处于下游水平，大部分年份位于第六、第七、第八位，说明东北地区的创新投入并没有完全转化为产出，还有很大的上升空间。

4. 东北地区制度创新现状

从表 7–2 可以看出，东北地区的制度创新能力在 2010 年以前处于全国下游水平，除 2006 年排名第四外，其余年份均处于第七位。近年来，东北地区的制度创新能力有了大幅度的提高，从第七位上升到第二位。结合东北地区的创新投入、创新转化、创新产出能力的变动，我们可以初步认为，制度创新并没有很好地作用于创新产出，其是导致创新产出能力滞后的重要原因。

5. 东北地区综合创新现状

从表 7–2 可以看出，东北地区综合创新能力在 2010 年以前非常薄弱，大部分年份位于第七位或第八位，说明东北地区虽然各指标的增长速度在八大综合经济区中名列前茅，但创新水平远远落后于其他地区。2010 年后，综合创新能力依靠制度创新能力的提高有所增加。事实表明，提高东北地区创新能力的关键在于创新转化能力和制度创新能力。

（三）东北地区产业创新发展趋势与比较

1. 东北地区创新投入发展趋势

如图 7–1 和表 7–3 所示，东北地区创新投入能力在 1997—2015 年，除 2006 年外，基本呈上升趋势，平均增长速度为 29.93%，在八大地区中名列第一位。由此可见，东北地区的大中型企业非常注重创新能力的培养，不断加大创新投入。

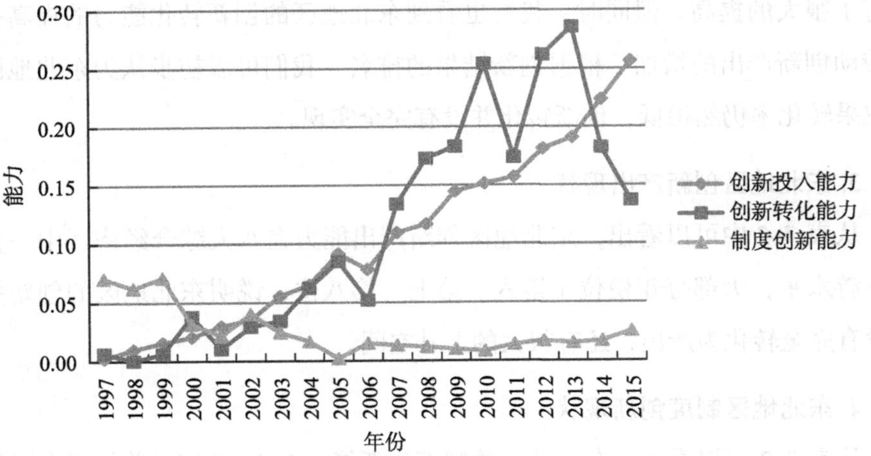

图 7–1　东北地区创新投入、创新转化和制度创新能力发展趋势

表 7–3　1997—2015 年八大综合经济区各创新指标年平均增长速度

单位：%

地区	创新投入能力	创新转化能力	创新产出能力	制度创新能力	综合创新能力
北部沿海综合经济区	18.67	19.13	22.53	–12.98	4.74
东部沿海综合经济区	23.88	15.44	23.44	–4.37	19.14
南部沿海综合经济区	22.50	3.65	29.94	–18.02	–3.53
黄河中游综合经济区	19.70	12.07	30.00	–4.58	14.94
长江中游综合经济区	9.51	19.14	43.64	–16.28	–2.59
大西南综合经济区	18.62	4.66	33.67	–12.40	2.45
大西北综合经济区	14.96	14.73	24.71	–14.25	1.27
东北综合经济区	29.93	18.32	38.18	–5.50	19.45

2. 东北地区创新转化发展趋势

由图 7–1 可以看出，东北地区创新转化能力在 1997—2015 年平均增长率为 18.32%，总体呈现一种强势增长态势，增长速度在八大综合经济区中名列第三。这是东北地区大中型企业充分认识到了创新成果转化对企业竞争力的影响，不断加大科技成果转化经费投入的结果。

3. 东北地区创新产出发展趋势

从东北地区创新产出能力的变化趋势看（表 7–3），虽然东北地区创新环境并没有得到很好的改善，但由于创新投入能力、创新转化能力的大幅提高，创新产出能力以较高的速度增长，仅次于长江中游综合经济区，在八大综合经济区中名列第二。

4. 东北地区制度创新发展趋势

东北地区的制度创新能力在 1997—2015 年以年均 5.50% 的速度下降（表 7–3），下降速度虽然与其他综合经济区相比较慢，但由于东北地区的经济基础比较薄弱，因此制约了创新产出能力的提高，并成为影响东北地区大中型企业创新产出能力提升的主要因素。

5. 东北地区综合创新发展趋势

综合创新能力是企业创新投入、转化、产出及制度创新能力相互配合、相互作用所形成的一种核心优势。东北地区的综合创新能力在 1997—2015 年的发展趋势比较复杂（图 7–2）：2006 年之前，综合创新能力呈现波动增长；2006 年，由于制度创新的影响，综合创新能力触礁到了历史新低；2006 年之后，进入了高速增长时期，最终以 19.45% 的年平均增长速度，居八大地区之首。

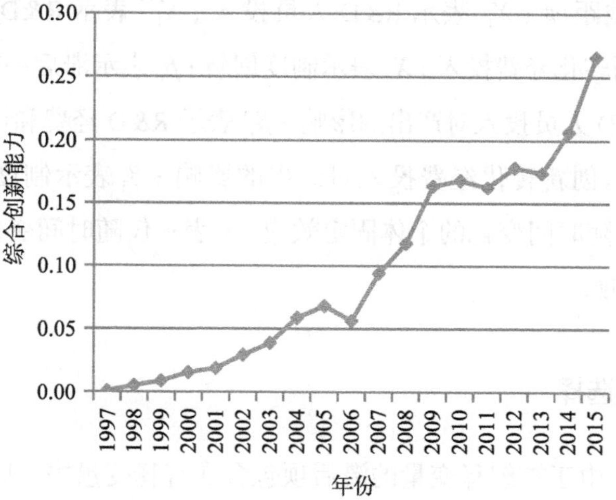

图 7–2 东北地区综合创新能力发展趋势

三、东北地区产业创新影响因素分析

（一）模型设定

企业的科技活动，一方面依赖企业自身的研发投入，包括人员、经费和设备，另一方面还可以通过购买和引进先进技术及技术改造，达到提高企业技术创新能力的目的。同时，一个地区的制度创新状况也会对企业的创新能力产生深刻的影响。鉴于此，本章构建创新生产函数如式（7-11）所示。

$$Y = f(x_1^*, x_1^{**}, x_2, x_3) \tag{7-11}$$

式中的指标都是综合指标，其中，Y 表示创新产出；x_1^* 表示 R&D 人员投入；x_1^{**} 表示 R&D 经费和设备投入；x_2 表示创新转化经费投入；x_3 表示制度创新。

考虑到影响创新产出的因素较多，为了避免因其他重要解释变量的遗漏而使估计有偏，本书将滞后一期的被解释变量加入模型中，从而采用动态的 panel data 进行估计。这样，模型变为

$$\begin{aligned}\ln Y_{i,t} = \alpha_0 + \beta_0 \ln Y_{i,t-1} + \beta_1 \sum_{t=0}^{1} \ln X_{1t}^* + \beta_1' \sum_{t=0}^{1} \ln X_{1t}^{**} + \\ \beta_2 \sum_{t=0}^{1} \ln X_{2t} + \beta_3 \sum_{t=0}^{1} \ln X_{3t} + \mu_i + \nu_t + \varepsilon_{i,t}\end{aligned} \tag{7-12}$$

式中，α_0 表示截距项；X_1^* 表示 R&D 人员投入；X_1^{**} 表示 R&D 经费和设备投入；X_2 表示创新转化经费投入；X_3 表示制度创新；β_0 表示滞后一期的产出影响；β_1 表示表示 R&D 人员投入对产出的影响；β_1' 表示 R&D 经费和设备投入对产出的影响；β_2 表示创新转化经费投入对产出的影响；β_3 表示制度创新对产出的影响；μ 表示不随时间变化的个体固定效应；ν 表示仅随时间变化的时间效应；ε 表示随机扰动项。

（二）方法选择

在模型中，由于被解释变量的滞后项包含在解释变量中，因而解释变量与随机扰动项有可能相关，即回归元的严格外生性假设不再成立。这样，如果用

固定效应模型或者随机效应进行估计，将产生参数估计的非一致性。为有效解决这一问题，曼纽尔和邦德（Manuel，Bond，1991）、曼纽尔和波弗（Manuel，Bover，1995）、布伦德尔和邦德（Blundell，Bond，1998）提出了广义矩估计方法，其核心思想是通过差分或者使用工具变量来控制未观察到的个体和时间效应，同时使用滞后的解释变量和被解释变量作为工具变量以克服内生性问题。

广义矩参数估计的一致性取决于误差项无自相关假设的有效性和工具变量的可靠性，对此，本书采用两项检验：第一项为检验误差项不存在序列相关假设的有效性，将检验误差项是否存在二阶序列相关；第二项为检验过度识别限制的过度识（Sargan）检验，将检验工具变量的有效性。如果这两个检验的原假设都没有被拒绝，则模型得到支持。

（三）结果分析

本章运用 Stata12.0 软件对模型采用两种动态面板 GMM 进行估计，分别是差分 GMM 和系统 GMM，见表 7–4、表 7–5。

表 7–4　东北地区 1997—2015 年动态面板差分 GMM 估计结果

解释变量	模型（1）	模型（2）	模型（3）	模型（4）	模型（5）
$Y(-1)$	1.0696*** （29.36）	0.9427*** （13.57）	1.0674*** （23.34）	1.0784*** （28.17）	0.8209*** （9.98）
X_1^*	0.00026** （2.02）	—	—	—	0.0262*** （3.42）
X_1^{**}	—	0.0115**（2.29）	—	—	0.00030** （2.38）
X_2	—	—	0.0011 （0.634）	—	–0.0043 （–1.53）
X_3	—	—	—	–0.0006522 （–0.26）	0.00667** （2.10）
AR（2）	–0.60 [0.55]	–0.06 [0.955]	–0.1 [0.917]	–0.16 [0.873]	–0.51 [0.608]
Sargan 检验	53.59 [0.206]	56.07 [0.147]	53.31 [0.214]	52.59 [0.234]	54.13 [0.119]

注：圆括号内的数值为该系数的 Z 值；方括号内的数值为该检验统计量的 P 值。
*、**、***、**** 分别代表参数值在 10%、5%、1%、0.1% 水平上显著。

表 7–5　东北地区 1997—2015 年动态面板系统 GMM 估计结果

解释变量	模型（6）	模型（7）	模型（8）	模型（9）	模型（10）
$Y(-1)$	1.0753*** （31.74）	0.9740*** （14.74）	1.079*** （24.85）	1.093*** （31.22）	0.8362*** （11.09）
X_1^*	0.00023** （2.03）	—	—	—	0.0003*** （2.79）
X_1^{**}	—	0.101**（2.06）	—	—	0.0253*** （3.51）
X_2	—	—	0.0012 （0.54）	—	–0.0036 （–1.39）
X_3	—	—	—	0.0005 （0.02）	0.0076*** （2.70）
AR（2）	–0.60 [0.552]	–0.07 [0.946]	–0.1 [0.920]	–0.13 [0.899]	–0.57 [0.572]
Sargan 检验	55.20 [0.252]	57.20 [0.197]	54.31 [0.279]	53.48 [0.306]	55.58 [0.157]

注：圆括号内的数值为该系数的 *Z* 值；方括号内的数值为该检验统计量的 *P* 值。

*、**、***、**** 分别代表参数值在 10%、5%、1%、0.1% 水平上显著。

从表 7–4 和表 7–5 可以看出，过度识别检验的 *P* 值均在 0.1 以上，不能拒绝原假设，说明模型内过度识别约束有效及工具变量的选取是有效的。二阶序列相关 AR（2）的结果表明，误差项不存在二阶自相关。本书的实证分析结果表明,这些系列动态面板数据模型在统计上具有有效性和一致性。具体分析如下。

首先，模型（1）–（5）、（6）–（10）创新产出的滞后项在 1% 的水平上都通过了检验，并且所有的系数都为正，说明东北地区的创新产出能力具有很强的累积效应。

其次，如果不考虑其他创新因素的影响，只考虑单一因素而建立单因素动态面板数据模型［表 7–4 中的模型（1）–（4）,表 7–5 中的模型（6）–（9）］,模型（1）、（2）、（6）、（7）在 5% 的水平上都通过了检验,并且系数为正,但模型（3）、（4）、（8）、（9）在任何水平上均没有通过检验。结果表明，创新人员投入和创新经费对创新产出的促进作用非常明显，具有稳健性，两者对创新产出都有积极作用；而创新转化能力和制度创新能力对创新产出影响不显著，缺乏有效性影响。

最后，进行多元回归分析。一方面，制度创新能力在与创新人员和创新经费和设备相配合时，对创新产出有显著影响，说明东北地区的制度创新是通过创新人员与创新经费和设备作用于创新产出的，在创新人员、创新经费和设备方面体现得较为明显；另一方面，创新转化能力无论是自身作用于创新产出，还是与创新制度相配合作用于创新产出，差分 GMM 和系统 GMM 均没有通过检验，说明东北地区的创新转化没有得到适当的发挥，创新政策存在一定的缺陷，政策制定上亟须重新进行设计，以解决创新转化问题。

第二节　东北地区非优势产业升级路径选择

研究表明，一方面，东北地区产业在由不具有显性比较优势发展到具有显性比较优势的升级过程中，比较优势发挥了重要的促进作用。产业升级的机会随产业生产能力禀赋优势的增加而增加，东北地区的比较优势与产业升级存在明显的正向关系，因此走遵循比较优势的产业升级路径更适合不具有显性比较优势的产业发展。另一方面，从产业比较优势流动性研究得知，东北地区不具有显性比较优势的产业共有三种状态，分别是弱比较优势产业状态、弱比较劣势产业状态、强比较劣势产业状态。根据三种比较优势状态划分，弱比较优势产业范围是 $0.78 \leqslant RCA<1$，弱比较劣势产业范围是 $0.43 \leqslant RCA<0.78$，强比较劣势产业范围是 $RCA<0.43$。从三种状态比较优势流动性看，弱比较优势状态和弱比较劣势状态的流动性较好，有较高的概率向上流动，而强比较劣势产业状态的固化程度极强，向上流动的概率很低。然而，这些强比较劣势的产业中有些产业的技术含量又较高，所以东北地区不具有显性比较优势的产业不能一概而论全部走遵循比较优势的产业升级路径。

一、东北地区弱优势及弱劣势产业升级路径

根据东北地区产业显性比较优势水平，均衡优势状态各时期的发展变化，

本书总结出东北地区的弱优势及弱劣势产业共 15 个，分别是家具制造业、工艺品及其他制造业、纺织服装鞋帽制造业、橡胶和塑料制品业、仪器仪表制造业、电器机械和器材制造业、金属制品业、造纸和纸制品业、化学原料和化学制品制造业、水的生产和供应业、煤气生产和供应业、热力电力生产及供应业、烟草制品业、有色金属矿采选业、煤炭开采与洗选业。其中，高技术－中连通产业 4 个，高技术－低连通产业 3 个、中技术－高连通产业 3 个、中技术－中连通产业 2 个、低技术－高连通产业 1 个，低技术－中连通产业 2 个，见表 7–6。

表 7–6　东北地区弱优势及弱劣势产业类别及类型

产业类别	产业类型
家具制造业	高技术－中连通
工艺品及其他制造业	高技术－中连通
纺织服装、鞋帽制造业	高技术－中连通
橡胶和塑料制品业	高技术－中连通
仪器仪表制造业	高技术－低连通
电器机械和器材制造业	高技术－低连通
金属制品业	高技术－低连通
造纸和纸制品业	中技术－高连通
化学原料和化学制品制造业	中技术－高连通
水的生产和供应业	中技术－高连通
煤气生产和供应业	中技术－中连通
热力电力生产及供应业	中技术－中连通
烟草制品业	低技术－高连通
有色金属矿采选业	低技术－中连通
煤炭开采与洗选业	低技术－中连通

首先，鉴于东北地区的弱比较优势和弱比较劣势产业的流动性较好，有较高的概率向上流动，因此如果弱比较优势和弱比较劣势产业中的高技术产业的

比较优势水平提高，进入强比较优势，受强比较优势固化特征的影响，东北地区的经济将进一步发展，因此，这一类产业可以通过培养比较优势的动态流动，进而实现产业升级的目标。

其次，东北地区的弱比较优势和弱比较劣势产业未来向哪个方向进行产业升级及能否成功进行产业升级，在很大程度上取决于东北地区这些产业现有的能力是否能支撑当时的产业升级。在产业升级过程中，如果产业邻近度越大，表示升级的能力级差越小，升级成功的可能性越大；反之，升级的可能性就越小。产业升级只有依据现有能力，采取就近升级的策略，其升级成功的可能性才越高。在对跳跃距离的阈值选取时，本书借鉴张其仔等（2013）对中国产业升级的阈值及李春艳（2018）对吉林省产业升级的阈值，结合东北地区实际状况，最终确定东北地区产业邻近性阈值为 0.4，邻近性超过跳跃阈值时，才有可能成功升级，否则，产业升级有可能成为惊险一跳，具体情况见表 7–7。

表 7–7 东北地区 2005—2015 年各产业类型平均产业邻近度

产业类型	高技术–高连通	高技术–中连通	高技术–低连通	中技术–高连通	中技术–中连通	中技术–低连通	低技术–高连通	低技术–中连通	低技术–低连通
高技术–高连通	—	—	—	—	—	—	—	—	—
高技术–中连通	—	0.574	0.400	0.292	0.200	0.337	0.226	0.134	0.097
高技术–低连通	—	0.400	0.471	0.239	0.202	0.289	0.165	0.109	0.134
中技术–高连通	—	0.292	0.239	0.546	0.376	0.283	0.462	0.389	0.181
中技术–中连通	—	0.200	0.202	0.376	0.511	0.234	0.401	0.449	0.290
中技术–低连通	—	0.337	0.289	0.283	0.234	0.394	0.226	0.210	0.163
低技术–高连通	—	0.226	0.165	0.462	0.401	0.226	0.646	0.490	0.254
低技术–中连通	—	0.134	0.109	0.389	0.449	0.210	0.490	0.629	0.332
低技术–低连通	—	0.097	0.134	0.181	0.290	0.163	0.254	0.332	1.000

（一）低技术－中连通类型

由表7–7可知，低技术－中连通的组内邻近度为0.629，与低技术－高连通的组间邻近度为0.490，与中技术－低连通的组间邻近度为0.210，与中技术－中连通的组间邻近度为0.449，与中技术－高连通的组间邻近度为0.389，与高技术－低连通的组间邻近度为0.109，与高技术－中连通的组间邻近度为0.134。从低技术－中连通产业的升级距离看，低技术－中连通产业类型与低技术－高连通产业类型的邻近度和与中技术－中连通产业类型的邻近度较高，分别为0.490和0.449，进一步结合产业类型的技术水平，低技术－中连通产业向中技术－中连通产业升级成功后的技术水平会明显提高。所以，结合产业升级的技术距离和技术水平，东北地区弱优势、弱劣势产业中属于该种产业类型的有色金属矿采选业和煤炭开采与洗选业，未来应该向中技术－中连通产业类型进行转型升级，两种产业类型的能力级差较小，产业升级的技术距离较短，出现断档的可能性大幅度缩小，成功率较高。

（二）低技术－高连通类型

由表7–7可知，低技术－高连通产业的组内邻近度为0.646，与中技术－低连通的组间邻近度为0.226，与中技术－中连通的组间邻近度为0.401，与中技术－高连通的组间邻近度为0.462，与高技术－低连通的组间邻近度为0.165，与高技术－中连通的组间邻近度为0.226。低技术－高连通产业与中技术－中连通的邻近度为0.401，与中技术－高连通邻近度为0.462，邻近度较高，如果低技术－高连通产业在进行产业升级时，跨过中技术－低连通产业，转而向中技术－高连通或中技术－中连通升级，由于两种产业类型的能力级差较小，出现断档的可能性会大幅度缩小；然而，低技术－高连通产业如果向更高一级的高技术类型进行升级，则会出现由于技术距离较大，升级难度较高，最终导致升级失败的现象。所以，东北地区弱优势、弱劣势产业中属于该种产业类型的烟草制品业在进行产业升级时，向中技术－高连通和中技术－低连通转型相对较合理，向其他类型产业转型则比较困难。这种跨过中技术－低连通类型，直接向中技术－中连通和中技术－高连通类型跨越的产业转型升级方向是东北地区低技术－高连通产业升级研究至关重要的发现。

（三）中技术－中连通类型

由表 7–7 可知，中技术－中连通产业的组内邻近度为 0.511，与中技术－高连通的组间邻近度为 0.376，与高技术－低连通的组间邻近度为 0.202，与高技术－中连通的组间邻近度为 0.200。由数据我们可以看出，中技术－中连通产业与其他三种产业类型的邻近度均低于 0.4，技术距离较大，升级难度较高，出现产业升级“断档”，中技术－中连通产业向其中任意一种类型进行产业升级的难度都较大，成功率都较低。因此，东北地区弱优势、弱劣势产业中属于该种产业类型的煤气生产和供应业、热力电力生产及供应业在进行产业升级时，应将重心转向组内升级，提高产品附加值，将产业价值链向终端延伸。

（四）中技术－高连通类型

由表 7–7 可知，中技术－高连通产业的组内邻近度为 0.546，与高技术－低连通的组间邻近度为 0.239，与高技术－中连通的组间邻近度为 0.292。与中技术－中连通产业升级情况类似，中技术－高连通产业与高技术－低连通、高技术－中连通产业的组间邻近度均小于 0.4，升级的技术距离较大，升级的难度较高，成功率也较低，产业升级“断档”风险较大。所以，东北地区弱优势、弱劣势产业中属于该种产业类型的造纸和纸制品业、化学原料和化学制品制造业、水的生产和供应业在进行产业升级时，同样应将发展重心转向组内升级，首选提高产品附加值、将产业价值链向终端延伸的产业内升级路径。

（五）高技术－低连通类型

由表 7–7 可知，高技术－低连通产业的组内邻近度为 0.471，与高技术－中连通的组间邻近度为 0.400，现有的生产能力能够支撑高技术－低连通产业升级到高技术－中连通产业，因此，东北地区弱优势、弱劣势产业中属于该种产业类型的仪器仪表制造业、电器机械和器材制造业、金属制品业在进行产业升级时，应向高技术－中连通产业类型进行转型升级，两种产业类型的能力级差较小，产业升级的技术距离较短，出现断档的可能性会大幅度缩小，成功率较高。

（六）高技术－中连通类型

由表 7–7 可知，我国没有高技术－高连通产业，也就是在全国范围内高技术产业的连通性都较差，同时高连通性产业的技术性又都较低。高技术－中连通产业是我国最高的产业类型，因而，东北地区弱优势、弱劣势产业中属于该种产业类型的家具制造业，工艺品及其他制造业，纺织服装、鞋帽制造业，橡胶和塑料制品业在进行产业升级时，应着重进行自身发展，开发终端产品，提高产品附加值，提升产业向产业链终端、价值链高端发展。

二、东北地区强劣势产业升级路径

本书根据东北地区产业显性比较优势水平，均衡优势状态各时期的发展变化，总结出东北地区的强比较劣势产业 8 个，分别是印刷和记录媒介复制业，文教、体育用品制造业，计算机、通信和其他电子设备制造业，化学纤维制造业，纺织业，皮革、毛皮、羽毛及其制品业，废弃资源综合利用业，有色金属冶炼和压延加工业。其中，高技术－低连通产业 3 个，中技术－高连通 1 个，中技术－低连通 3 个，低技术－中连通产业 1 个，见表 7–8。

表 7–8 东北地区强比较劣势产业类别及类型

产业类别	产业类型
印刷和记录媒介复制业	中技术–高连通
文教、体育用品制造业	高技术–低连通
计算机、通信和其他电子设备制造业	高技术–低连通
化学纤维制造业	高技术–低连通
纺织业	中技术–低连通
皮革、毛皮、羽毛及其制品业	中技术–低连通
废弃资源综合利用业	中技术–低连通
有色金属冶炼和压延加工业	低技术–中连通

首先，结合东北地区的产业升级是否遵循比较优势、比较优势流动性及产业技术水平的研究结果可知，东北地区强比较劣势产业具有极强的固化特征，技术性较低，比较优势向上流动的概率极小。然而，文教、体育用品制造业，计算机、通信和其他电子设备制造业及化学纤维制造业 3 个产业属于高技术产业，其未来发展应以适当的市场保护及投入支持作为重点。

其次，印刷和记录媒介复制业，纺织业，皮革、毛皮、羽毛及其制品业，废弃资源综合利用业，有色金属冶炼和压延加工业 5 个强比较劣势产业，在东北地区具有极强的固化特征，比较优势向上流动的概率极小，同时这些产业的技术性又较低，不利于未来地区的发展，因此，东北地区应将发展重心从这些产业转向其他产业。

第三节 小 结

首先，东北地区的优势产业共 14 个，需通过技术创新推动产业升级。东北地区的创新能力在 1997—2015 年，除创新转化能力在个别年份排名较靠前之外，创新投入能力、创新产出能力、制度创新能力及综合创新能力，在八大综合区中排名都靠后，说明东北地区的创新能力与其他地区相比差距很大。创新转化能力和制度创新能力，是影响东北地区创新能力提高的重要因素，这两类能力不足是导致创新产出和综合创新能力滞后的重要因素。东北地区已经注意到了创新能力问题，开始不断加大 R&D 人员、R&D 经费和设备、科技成果转化经费的投入，其创新能力的增长速度提升，尤其是创新产出能力和综合创新能力获得了高速增长。

其次，在东北地区技术创新的影响因素方面，R&D 人员投入、经费和设备的投入对创新产出的影响是至关重要的；创新制度只有与 R&D 人员、经费和设备投入相配合，作用才能充分显现；创新转化无论是自身作用于创新产出，还是与创新制度相配合作用于创新产出，均没有通过检验，说明东北地区的创新转化没有得到适当的发挥，创新政策存在一定的缺陷，政策制定上亟须重新设计。

再次，东北地区的强比较劣势产业共 8 个，具有极强的固化特征，技术性较低，比较优势向上流动的概率极小。然而，文教、体育用品制造业，计算机、通信和其他电子设备制造业及化学纤维制造业 3 个产业属于高技术产业，其未来发展应以适当的市场保护及投入支持作为重点；印刷和记录媒介复制业，纺织业，皮革、毛皮、羽毛及其制品业，废弃资源综合利用业，有色金属冶炼和压延加工业 5 个强比较劣势产业具有极强的固化特征，技术性较低，比较优势向上流动的概率极小，不利于未来产业的发展，因此，应将发展重心向其他产业进行转移。

最后，东北地区的弱比较劣势产业和弱比较优势产业共 15 个，适合走遵循比较优势的产业升级路径。其中，有色金属矿采选业和煤炭开采与洗选业，未来应该向中技术 – 中连通产业类型进行转型升级；烟草制品业在进行产业升级时，向中技术 – 高连通和中技术 – 低连通转型相对合理；煤气生产和供应业、热力电力生产及供应业、造纸和纸制品业、化学原料和化学制品制造业、水的生产和供应业等中技术类型产业升级时，会出现产业升级“断档”，在提高技术水平过程中能力不足，因此，在进行产业升级时，应将产业升级的重心转向组内升级，拉近产业空间距离；仪器仪表制造业、电器机械和器材制造业、金属制品业在进行产业升级时，应向高技术－中连通产业类型进行转型升级；家具制造业、工艺品及其他制造业、纺织服装鞋帽制造业、橡胶和塑料制品业在进行产业升级时，应着重进行自身发展，开发终端产品，提高产品附加值，促进产业向产业链终端、价值链高端发展。

第八章　结论及建议

本书基于比较优势演化视角，研究了东北地区的产业升级路径，为其他地区的产业发展提供了借鉴。

第一节　结　论

第一，全国雁阵模式产业转移趋势已形成，作为雁阵式升级承上启下的东北地区，其产业转移主要体现在向外转移方面，但其承接产业转移的状况并不理想，向外转移非竞争力产业的同时，并没有很好地承接向内转移。根据东北地区产业显性比较优势水平及各时期优势状态变化，得出东北地区的优势产业共 14 个，并且一直在低技术上保持显性比较优势，并没有表现出向高技术产业拓展的趋势，出现锁定现象，说明东北地区产业升级有可能动力不足，陷入“比较优势陷阱”。

第二，通过测算东北地区比较优势马尔可夫链转移概率矩阵、比较优势核密度分布变化、稳态分布变化及比较优势产业的技术含量变化，得出弱比较优势和弱比较劣势产业的流动性和专业化分工程度下降，而在强比较优势方面则体现出较强的固化特征，并具备长期的稳态趋势。由于强优势产业聚集于低技术产业类型，如果遵循比较优势，则有陷入“比较优势陷阱”的风险。本书通过对东北三省的研究，发现辽宁省在强比较劣势状态上的固态特征极强，并且具有长期的稳态特征，说明辽宁省面临的首要问题并不是是否落入“比较优势陷阱”的问题，而是出现“产业大范围衰退”问题。吉林省和黑龙江省的研究结果表明，两地陷入“比较优势陷阱”的风险很大，尤其黑龙江省更为严重。

第三，通过产业升级状态的演变过程我们可以看到，东北地区“十一五”时期产业升级成功比例较高，“十二五”期间并没有大的起色，说明东北地区产业升级路径的选择出现了问题。通过分析密度比较高的产业所处的产业类型发现，东北地区产业都属于低技术类型，说明产业升级能力较弱。

第四，东北地区的比较优势产业共14个，其生产能力禀赋优势在阻止产业失势或帮助产业保持优势过程中没有发挥任何作用，因此其未来的产业升级不能走依靠比较优势的产业升级路径，只有走依靠技术创新的产业升级路径才能摆脱现有的困境。通过研究东北地区创新能力的现状发现，比较优势产业如果要依靠技术创新实现产业升级，就必须加强R&D人员投入、经费和设备的投入，同时注重创新转化能力的培养和创新制度的建设。

第五，东北地区的弱比较劣势产业和弱比较优势产业共15个，应走遵循比较优势的产业升级路径。其中，有色金属矿采选业和煤炭开采与洗选业，未来应该向中技术–中连通产业类型进行转型升级；烟草制品业在进行产业升级时，应向中技术–高连通和中技术–低连通转型相对较合理；煤气生产和供应业、热力电力生产及供应业、造纸和纸制品业、化学原料和化学制品制造业、水的生产和供应业等中技术类型产业升级时，出现了产业升级“断档”，说明在提高技术水平过程中能力不足，因此，在进行产业升级时，应将产业升级的重心转向组内，提高产品附加值；仪器仪表制造业、电器机械和器材制造业、金属制品业在进行产业升级时，应向高技术–中连通产业类型进行转型升级；家具制造业、工艺品及其他制造业、纺织服装鞋帽制造业、橡胶和塑料制品业在进行产业升级时，应着重进行自身发展，开发终端产品，提高产品附加值，推动产业向产业链终端、价值链高端发展。

第六，东北地区的强比较劣势产业共8个，分别为印刷和记录媒介复制业，文教、体育用品制造业，计算机、通信和其他电子设备制造业，化学纤维制造业，纺织业，皮革、毛皮、羽毛及其制品业，废弃资源综合利用业，有色金属冶炼和压延加工业，虽然都具有极强的固化特征，但对于其中技术水平较高的强比较劣势产业来说,由于其对区域经济增长具有拉动作用,应进行一定的扶持，保护其发展，而对于未来不利于发展的产业，则应适当放弃。

第二节　政策建议

第一，进一步完善区域创新系统。首先，地方政府和金融机构应制定有效的政策,创造宽松的环境,以弥补东北地区创新基础的不足;其次,出台相关政策，推动企业成为创新的主体；最后，完善公共服务平台体系，有效促进产学研的结合，充分考虑技术集成创新的研究开发模式，以在最短的时间内开发出新产品，实现创新能力的飞跃。

第二,加强技术创新,注重培养高质量创新人才。注重高质量人力资源培养，大力鼓励人才流动，加大人才引进力度，完善人才引进政策。创新驱动，人是关键，产品的竞争关键是人才的竞争，要积极鼓励人力资本上的投资，努力提高投资回报率，注重人力素质的提高，建立涵盖各个层次的技术人才培训体系，加速社会综合配套制度改革，努力实现人力资本在地域间和行业间的有效流动，让技术人才充分发挥作用和价值。人才政策不仅是东北地区创新政策的重要方面，也是东北地区提升创新能力的薄弱环节，因而是促进东北地区产业升级的关键所在。

第三，引进或培养“合意产业”。一方面，地方政府应有目的、有意识、有选择地引进“合意产业”，承接相关产业转移，增加地区产业空间的邻近度，实现空间中企业多样化能力的积累；另一方面，由于技术性较高的产业升级断档的可能性较高，当地政府应尽可能在产业空间断档处实施“断键重连”，减少产业升级的技术距离，鼓励相应的产业技术大力发展，引导企业向与之对应的新产品进行资源配置，以解决市场失灵问题。

第四，建立完善的产业退出与转移机制。由于区域之间的行政壁垒、不同行业之间的流动性壁垒等已经严重阻碍了产业资源的转移与合理化分配，导致东北地区产业转型成本大幅度增加，因此，地方政府应建立公平公正的市场环境，通过完善基础设施和产业配套环境，淘汰落后产能，提升资源配置效率。

第五，注重产业保护政策的制定。处于强比较劣势但具有较高技术含量的产业，如文教、体育用品制造业，计算机、通信和其他电子设备制造业及化学纤维制造业，由于其对于区域发展具有引领作用，所以需要给予适当的资金支持和市场保护，帮助其尽快提升产品开发能力，促进其产业升级。

参考文献

蔡昉，王德文，曲玥，2009. 中国产业升级的大国雁阵模型分析 [J]. 经济研究（9）：4-14.

陈春明，吴会玲，吴昕运，2013. 我国大中型工业企业自主创新能力影响因素研究 [J]. 经济纵横（4）：64-69.

陈昊，2010. 中国对外贸易是否面临比较优势陷阱风险：理论分析与经验证据 [J]. 南京财经大学学报（4）：19-25.

陈力田，吴志岩，2014. 战略转型背景下企业创新能力重构的二元机理：信雅达 1996—2012 年纵向案例研究 [J]. 科研管理（2）：1-9.

陈力田，赵晓庆，魏致善，2012. 企业创新能力的内涵及其演变：一个系统化的文献综述 [J]. 科技进步与对策（14）：154-160.

陈荣耀，2009. 进口替代Ⅲ期与中国产业升级 [J]. 社会科学（4）：2-9.

邓向荣，曹红，2016. 产业升级路径选择：遵循抑或偏离比较优势—基于产品空间结构的实证分析 [J]. 中国工业经济（2）：52-66.

丁焕峰，2006. 技术扩散与产业结构优化的理论关系分析 [J]. 工业技术经济（5）：95-98.

范从来，沈坤荣，郑江淮，2005. 国际贸易理论中的竞争优势 [M]. 北京：经济科学出版社 .

菲利普·阿吉翁，彼得·霍伊特，2005. 内生增长理论 [M]. 陶然，等译 . 北京:北京大学出版社 .

耿伟，2006. 内生比较优势演化—基于中国制造业的经验研究 [J]. 财经研究（10）：60-70.

何德旭，姚战琪，2008. 中国产业结构调整的效应、优化升级目标和政策措施 [J]. 中国工业经济（5）：46-56.

贺灿飞，董瑶，周沂，2016. 中国对外贸易产品空间路径演化 [J]. 地理学报（6）：970-983.

胡海波，2010. 产业自主创新能力评价指标体系构建及实证检验 [J]. 财经问题研究（9）：28-32.

计保平，2014. 产业结构调整绝不是“去工业化”[J]. 中国经济周刊（7）：18-19.

孔曙光，陈玉川，2008. 广义技术创新与区域产业结构升级的机制探索 [J]. 工业技术经济

（9）：2-4.

李春艳，2018. 吉林省产业转型升级是否应该依赖比较优势？ [J]. 内蒙古社会科学（汉文版）（1）：110-118.

李辉文，2004. 现代比较优势理论的动态性质——兼评“比较优势陷阱”[J]. 经济评论（1）：42-47.

李江涛，孟元博，2008. 当前产业升级的困境与对策 [J]. 国家行政学院学报（5）：81-84.

李培育，2003 . 落后地区产业升级战略中的需求分析 [J]. 管理世界（7）：76-80 .

李月，邸玉娜，周密，2013. 中等收入陷阱、结构转换能力与政府宏观战略效应 [J]. 世界经济（1）：38-63.

林涛，2008. 中国产业集群研究中的主体能动性和与多方验证方法 [C]. 中国地理学会学术年会文集 .

林毅夫，蔡昉，李周，1999. 比较优势与发展战略——对“东亚奇迹”的再解释 [J]. 中国社会科学（5）：4-20.

林毅夫，李永军，2003. 比较优势、竞争优势与发展中国家的经济发展 [J]. 管理世界（7）：21-28.

林毅夫，任若恩，2007. 东亚经济增长模式相关争论的再探讨 [J]. 经济研究（8）：4-12.

林毅夫，张鹏飞，2005. 后发优势、技术引进和落后国家的经济增长 [J]. 经济学（季刊）(1)：53-74.

林毅夫，2003. 后发优势与后发劣势——与杨小凯教授商榷 [J]. 经济学（季刊）(3)：13-16.

林毅夫，2012. 新结构经济学——反思经济发展与政策的理论框架 [M]. 北京：北京大学出版社 .

林毅夫，2011. 新结构经济学——重构发展经济学的框架 [J]. 经济学（季刊）(1)：1-32.

林毅夫，2002. 自生能力、经济转型与新古典经济学的反思 [J]. 经济研究（12）：15-24.

刘厚俊，王丹利，2011. 劳动力成本上升对中国国际竞争比较优势的影响 [J]. 世界经济研究（3）：2-7.

刘涛雄，周碧华，2012. 我们能避免“比较优势陷阱”吗 [J]. 宏观经济研究（6）：38-43.

刘志彪，张杰，2009. 从融入全球价值链到构建国家价值链：中国产业升级的战略思考 [J]. 学术月刊（9）：59-68.

陆文聪，许为，2015. 中国落入“比较优势陷阱”了吗？[J]. 数量经济技术经济研究（5）：20-36.

马云俊，2010. 产业转移、全球价值链与产业升级研究 [J]. 北京：技术经济与管理研究（4）：2-5.

宁连举，李萌，2011. 基于因子分析法构建大中型工业企业技术创新能力评价模型 [J]. 科研管理，（3）：51-58.

潘淑贞，2004. 论中国通商的组织结构及部沟通 [J]. 福建论坛（人文社会科学版）：1-2.

钱学锋，熊平，2010. 中国出口增长的二元边际及其因素决定 [J]. 经济研究（1）：65-79.

曲玥，蔡昉，张晓波，2013.“飞雁”发生了吗——对 1998—2008 年中国制造业的分析 [J]. 经济学（季刊）（4）：757-776.

任胜钢，彭建华，2007. 基于因子分析法的中国区域创新能力的评价及比较 [J]. 系统工程（2）：87-92.

芮明杰，2005. 产业经济学 [M]. 上海：上海财经大学出版社：1-12，186-189.

邵云飞，谭劲松，2006. 区域技术创新能力形成机理探析 [J]. 管理科学学报（4）：1-11.

宋河发，穆荣平，2009. 自主创新能力及其测度方法与实证研究——以我国高技术产业为例 [J]. 科学学与科学技术管理（3）：73-80.

孙军，2008. 需求因素、技术创新与产业结构演变 [J]. 南开经济研究（5）：58-71.

孙玉涛，李苗苗，2013. 企业技术创新能力培育的区域性因素 [J]. 天津：科学学与科学技术管理（8）：129-137.

王昌林，2005. 公司治理、技术创新路径与产业专业化 [J]. 管理工程学报（3）：10-14.

王佃凯，2002. 比较优势陷阱与中国贸易战略选择 [J]. 经济评论（2）：28-31.

王小鲁，樊纲，刘鹏，2009. 中国经济增长方式转换和增长可持续性 [J]. 经济研究（1）：44-47.

魏浩，王露西，李翀，2011. 中国制成品出口比较优势及贸易结构研究 [J]. 经济学（季刊）（4）：1281-1310.

魏守华，吴贵生，吕新雷，2010. 区域创新能力的影响因素——兼评我国创新能力的地区差距 [J]. 中国软科学，（9）：76-85.

吴崇伯，1988 . 论东盟国家的产业升级 [J]. 亚太经济（1）：26-30 .

伍业君，张其仔，徐娟，2012. 产品空间与比较优势演化述评 [J]. 经济评论（4）：145-152.

伍长南，2002. 我国利用外资与产业结构调整实证研究 [J]. 亚太经济（1）：52-56 .

库兹涅茨，1985. 各国的经济增长 [M]. 北京：商务印书馆：210-211.

徐朝阳，林毅夫，2010. 发展战略与经济增长 [J]. 中国社会科学（3）：94-108.

徐礼伯，施建军，张雪平，2014. 企业战略转型的思维突破与路径依赖超越 [J]. 江海学刊（2）：1-6.

杨高举，黄先海，2014. 中国会陷入比较优势陷阱吗？ [J]. 管理世界（5）：5-22.

杨汝岱，朱诗娥，2008. 中国对外贸易结构与竞争力研究：1978—2006[J]. 财贸经济（2）：112-119.

杨治，1982. 筱原三代平的产业结构理论 [J]. 现代日本经济（8）：38-43.

宇泽弘文，何培思，1985. 美国经济病态加剧 [J]. 国外社会科学（4）：45-46.

曾世宏，郑江淮，2010. 企业家“成本发现”、比较优演化与产品空间结构转型——基于江苏经济发展的案例研究 [J]. 产业经济研究（双月刊）（1）：9-15.

张辉，2005. 全球价值链下地方产业集群升级模式研究 [J]. 中国工业经济（9）：2-8.

张明志，李敏，2011. 国际垂直专业化分工下的中国制造业产业升级及实证分析 [J]. 国际贸易问题（1）：118-128.

张其仔，李颢，2013. 产业政策是应遵循还是违背比较优势 ?[J]. 经济管理（10）：27-36.

张其仔，2014. 中国能否成功地实现雁阵式产业升级 [J]. 中国工业经济（6）：18-30.

张其仔，2008. 比较优势的演化与中国产业升级路径的选择 [J]. 中国工业经济（9）：58-68.

张宗和，彭昌奇，2009. 区域技术创新能力影响因素的实证分析——基于全国 30 个省市区的面板数据 [J]. 中国工业经济（4）：35-44.

郑新立，1999. 产业升级与投资结构调整 [J]. 中国工业经济（4）：9-12.

郑展鹏，2010. 中国对外贸易结构及出口竞争优势的实证研究 [J]. 国际贸易问题（7）：42-47.

周振华，1991. 产业结构优化论 [M]. 上海：上海人民出版社 .

朱海就，2004. 区域创新能力评估的指标体系研究 [J]. 科研管理（3）：30-35.

朱平芳，徐伟民，2003. 政府的科技激励政策对大中型工业企业 R&D 投入及其专利产出的影响——上海市的实证研究 [J]. 经济研究（6）：45-53.

ALVAREZ R，FUENTES R，2012. Specialization Dynamics and Natural Resources Abundance [J]. Review of World Economics，184（4），733-750.

AMITI M，FREUND C，2010. The Anatomy of China's Export Growth，China's Growing Role in World Trade [M]. Chicago：University of Chicago Press.

AUTY R M，GELB A H，2000. Political Economy of Resource Abundant States [C]. Paper Prepared for the Annual Bank Conference on Development Economics，Paris June No.28750.

AUTY R M，2002. Natural Resources and Development：Comparison of Bangladesh and South Korea [J]. Tijdschrift voor Economische en Sociale Geografie，93（3）：242-253.

BERNARD A B，JONES C I，2001. Comparing Apples To Oranges：Productivity Convergence And Measurement Across Industries And Countries：Reply [J]. American Economic Review，91（4）：1168-1169.

BLUNDELL R，BOND，S，1998. Initial Conditions and Moment Restrictions in Dynamic Panel Data Models [J]. Journal of Econometrics（1）：115-143.

BRASILI A，EPIFANI P，HELG R，2000. On the Dynamics of Trade Patterns [J]. De Economist, 148（2）：233-257.

CANTWELL J，PAZ ESTRELLA E T，1990. Technological Accumulation and Third World Multinational [M]. Berkeley：University of Reading.

CHENERY H B，ROBINSON S，SYRQUIN M，1986. Industrialization and Growth [M]. Oxford：Oxford University Press.

CHUANG Y，1998. Learning by Doing，the Technology Gap，and Growth [J]. International Economic Review：39（3），697-721.

CLARK C，1957. The Conditions of Economic Progress [M]. 3rd. London:MacMillan：493.

DORNBUSCH R，FISCHER S，SAMUELSON P，1977. Comparative Advantage，Trade and Payments in a Ricardian Model with a Continuum of Goods [J]. American Economic Review，67（5）：823-839.

ERNST D，1998. Catching-up，Crisis and Industrial Upgrading：Evolutionary Aspects of Technological Learning in Korea's Electronics Industry [J]. Asia Pacific Journal of Management

(15): 247-283.

GEREFFI G, 1999. International Trade and Industrial Upgrading in the Apparel Commodity Chains [J]. Journal of International Economics (48): 37-70.

GROSSMAN G M, HELPMAN E, 1991. Quality Ladders in the Theory of Growth [J]. Review of Economic Studies, 58 (1): 43-61.

HAUSMANN R, KLINGER B, 2007. The Structure of the Product Space and the Evolution of Comparative Advantage [R]. CID Working Paper.

HAUSMANN R, HWANG J, RORDIK D, 2007. What Your Export Matter? [J]. Journal of Economic Growth, 12 (1): 1-25.

HAUSMANN R, KLINGER B, 2006. Structural Transformation and Patterns of Comparative Advantage in the Product Space [R]. CID Working Paper.

HIDALGO C A, KLINGER B, BARABASI A L, et al., 2007. The Product Space Conditions the Development of Nations [J]. Science (317): 482-487.

MARREWIJK C, et al., 2004. Dynamics of Chinese Comparative Advantage [R]. Tinbergen Institute Working Paper 2004-034/2, Tinbergen Institute, Amsterdam.

HOBDAY M, 1994. Technological Learning in Singapore: A Test Case of Leapfrogging [J]. Journal of Development Studies, 30 (3): 831-885.

HUMPHREY J, SCHMITZ H, 2002. How Does Insertion in Global Value Chains Affect Upgrading in Industrial Cluster [J]. Regional Studies, 9 (36): 1017-1027.

HUMPHREY J, SCHMITZ H, 2000. Governance and Upgrading: Linking Industrial Cluster and Global Value Chain Research [R]. IDS Working Paper, No.120, Institute of Development Studies, University of Sussex.

HUMPHREY J, SCHMITZ H, 2002. Developing Country Firms in the World Economy: Governance and Upgrading in Global Value Chains [R]. INEF Report 61.

JOVANOVIC B, NYARKO Y, 1996. Learning by Doing and the Choice of Technology [J]. Econometrica, 64 (6): 1299-1310.

KAPLINSKY R, 2000. Globalisation and Unequalisation: What Can be Learned From Value

Chain Analysis? [J]. The Journal of Development Studies，37（2）: 117-146.

KOWALSKI P，BOTTINI N，2011. Comparative Advantage and Export Specialization Mobility [M]// Globalisation，Comparative Advantage and the Changing Dynamics of Trade，OECD Publishing.

KRUGMAN P R，1987. The Narrow Moving Band the Dutch Disease and the Competitive Consequences of Mrs Thatcher : Notes on Trade in the Presence of Scale Economies [J].Journal of Development Economics，27（1-2），41-55.

LUCAS R E，1988. On the Mechanics of Economic Development [J]. Journal of Monetary Economics，22 : 3- 42.

MANUEL A，BOND S，1991. Some Tests of Specification for Panel Data : Monte Carlo Evidence and an Application to Employment Equation [J]. Review of economic studies，58（2）: 277-297.

MANUEL A，BOVER O，1995. Another Look at the Instrumental Variable Estimation of Error-components Models [J]. Journal of Econometrics，68（1），29-51.

MATSUYAMA K，1992. Agricultural Productivity，Comparative Advantage and Economic Growth [J]. Journal of Economic Theory，58（2），317-334.

MATSUYAMA K，1991. Increasing Returns，Industrialization，and Indeterminacy of Equilibrium [J]. The Quarterly Journal of Economics，106（2）: 617-650.

OLOFIN S，2002. Trade and Competitiveness of African Economies in the 21st Century [J]. African Development Review，14（2）: 298-321.

PHILIPPE A，HOWITT P，1992. A Model of Growth through Creative Destruction [J]. Econometrica，60（2）: 323-351.

PREBISCH R，1950. The Economic Development of Latin America and Its Principal Problems [M]. New York : United Nations.

PROUDMAN J，REDDING S，2000. Evolving Patterns of International Trade [J]. Review of International Economics，8（3）: 373-396.

QUAH D T，1993. Galton's Fallacy and Tests of the Convergence Hypothesis [J]. The Scandinavian Journal of Economics，95 : 427-443.

ROMER P M，1990. Endogenous Technological Change [J]. Journal of Political Economy（10）: 71-102.

SANDRA P，FELIPE S，2012. Product Relatedness and Firm Exports in China [R]. CEPII WP No.2012-27.

SINGER H W，1949. Economic Progress in Underdeveloped Countries [J]. Social Research：An International Quarterly of Political and Social Science，16（1）: 1-11.

COMMISSION ON GROWTH AND DEVELOPMENT，2008. The Growth Report：Strategies for Sustained Growth and Inclusive Development [R]. Washington，DC：World Bank Publications.

THE WORLD BANK AND DEVELOPMENT RESEARCH CENTER OF THE STATE COUNCIL，THE PEOPLE'S REPUBLIC OF CHINA，2012. China 2030：Building a Modern，Harmonious，and Creative High-income Society [R]. http：//www.worldbank.org.

YOUNG A，1991. Learning by Doing and the Dynamic Effects of International Trade [J]. The Quarterly Journal of Economics，106（2）: 369-405.

ZAGHINI A，2005. Evolution of Trade Patterns in the New EU Member States [J]. Economics of Transition，13（4）: 629-658.

附 录

附表 1　2005 年全国八大地区各产业密度

产业名称	北部沿海综合经济区	东部沿海综合经济区	南部沿海综合经济区	长江中游综合经济区	黄河中游综合经济区	大西南综合经济区	大西北综合经济区	东北综合经济区
煤炭开采与洗选业	0.755 025	0.150 754	0.105 528	0.755 025	0.762 563	0.822 864	0.400 754	0.393 216
石油和天然气开采业	0.815 443	0.169 492	0.082 863	0.689 266	0.568 738	0.593 220	0.457 627	0.615 819
黑色金属矿采选业	0.707 865	0.134 831	0.123 596	0.831 461	0.707 865	0.786 517	0.404 494	0.505 618
有色金属矿采选业	0.714 903	0.142 549	0.129 590	0.831 533	0.727 862	0.805 616	0.390 929	0.429 806
非金属矿采选业	0.721 649	0.170 103	0.132 990	0.829 897	0.712 371	0.808 247	0.297 938	0.378 351
农副食品加工业	0.713 098	0.149 688	0.124 740	0.837 838	0.700 624	0.787 942	0.338 877	0.488 565
食品制造业	0.755 128	0.173 077	0.137 179	0.820513	0.683 333	0.697 436	0.279 487	0.376 923
饮料制造业	0.721 649	0.170 103	0.132 990	0.829 897	0.712 371	0.808 247	0.297 938	0.378 351
烟草制品业	0.547 297	0.160 473	0.192 568	0.915 541	0.587 838	0.827 703	0.251 689	0.368 243
纺织业	0.491 643	0.731 198	0.494 429	0.310 585	0.233 983	0.272 981	0.096 100	0.168 524
纺织服装、鞋帽制造业	0.120 192	0.937 500	0.867 788	0.140 625	0.042 067	0.110 577	0.014 423	0.038 462
皮革、毛皮、羽毛及其制品业	0.120 192	0.937 500	0.867 788	0.140 625	0.042 067	0.110 577	0.014 423	0.038 462
木材加工和木、竹、藤、草制品业	0.556 911	0.142 276	0.160 569	0.918 699	0.483 740	0.626 016	0.282 520	0.609 756
家具制造业	0.120 192	0.937 500	0.867 788	0.140 625	0.042 067	0.110 577	0.014 423	0.038 462
造纸和纸制品业	0.535 211	0.416 667	0.438 967	0.636 150	0.396 714	0.478 873	0.180 751	0.273 474
印刷和记录媒介复制业	0.387 450	0.522 908	0.499 004	0.581 673	0.366 534	0.539 841	0.160 359	0.229 084
文教、体育用品制造业	0.120 192	0.937 500	0.867 788	0.140 625	0.042 067	0.110 577	0.014 423	0.038 462

续表

产业名称	北部沿海综合经济区	东部沿海综合经济区	南部沿海综合经济区	长江中游综合经济区	黄河中游综合经济区	大西南综合经济区	大西北综合经济区	东北综合经济区
石油加工、炼焦和核燃料加工业	0.729 216	0.128 266	0.114 014	0.828 979	0.700 713	0.729 216	0.415 677	0.529 691
化学原料和化学制品制造业	0.600 000	0.397 059	0.288 235	0.676 471	0.491 176	0.638 235	0.208 824	0.302 941
医药制造业	0.706 593	0.181 319	0.138 462	0.835 165	0.614 286	0.762 637	0.301 099	0.482 418
化学纤维制造业	0.168 421	1	0.705 263	0.105 263	0.031 579	0.094 737	0	0.042 105
橡胶和塑料制品业	0.120 192	0.937 500	0.867788	0.140 625	0.042 067	0.110 577	0.014 423	0.038 462
非金属矿物制造业	0.721 649	0.170 103	0.132 990	0.829 897	0.712 371	0.808 247	0.297 938	0.378 351
黑色金属冶炼和压延加工业	0.713 098	0.149 688	0.124 740	0.837 838	0.700 624	0.787 942	0.338 877	0.488 565
有色金属冶炼和压延加工业	0.629 940	0.125 749	0.150 898	0.856 287	0.741 317	0.849 102	0.392 814	0.403 593
金属制品业	0.120 192	0.937 500	0.867 788	0.140 625	0.042 067	0.110 577	0.014 423	0.038 462
通用设备制造业	0.580 214	0.554 813	0.356 952	0.458 556	0.322 193	0.379 679	0.180 481	0.375 668
专用设备制造业	0.629 747	0.395 570	0.265 823	0.604 430	0.575 949	0.658 228	0.227 848	0.281 646
交通运输设备制造业	0.630 559	0.136 830	0.143 672	0.863 170	0.702 395	0.822 121	0.326 112	0.480 046
电器机械和器材制造业	0.120 192	0.937 500	0.867 788	0.140 625	0.042 067	0.110 577	0.014 423	0.038 462
计算机、通信和其他电子设备制造业	0.120 192	0.937 500	0.867 788	0.140 625	0.042 067	0.110 577	0.014 423	0.038 462
仪器仪表制造业	0.120 192	0.937 500	0.867 788	0.140 625	0.042 067	0.110 577	0.014 423	0.038 462
工艺品及其他制造业	0.120 192	0.937 500	0.867 788	0.140 625	0.042 067	0.110 577	0.014 423	0.038 462
废弃资源综合利用业	0.287 746	0.667 396	0.644 420	0.458 425	0.218 818	0.330 416	0.092 998	0.166 302
热力电力生产及供应业	0.634 660	0.112 412	0.140 515	0.859 485	0.718 970	0.817 330	0.423 888	0.522 248
煤气生产和供应业	0.425 197	0.387 139	0.464 567	0.580 052	0.548 556	0.643 045	0.215 223	0.227 034
水的生产和供应业	0.495 327	0.266 355	0.336 449	0.747 664	0.523 364	0.677 570	0.355 140	0.453 271

附表 2　2006 年全国八大地区各产业密度

产业名称	北部沿海综合经济区	东部沿海综合经济区	南部沿海综合经济区	长江中游综合经济区	黄河中游综合经济区	大西南综合经济区	大西北综合经济区	东北综合经济区
煤炭开采与洗选业	0.625 866	0.110 855	0.110 855	0.778 291	0.792 148	0.778 291	0.418 014	0.418 014
石油和天然气开采业	0.728 467	0.153 285	0.087 591	0.627 737	0.802 920	0.605 839	0.448 175	0.553 285
黑色金属矿采选业	0.630 952	0.119 048	0.107 143	0.761 905	0.773 810	0.750 000	0.416 667	0.500 000
有色金属矿采选业	0.508 135	0.075 094	0.131 414	0.831 039	0.793 492	0.831 039	0.451 815	0.376 721
非金属矿采选业	0.625 835	0.133 630	0.116 927	0.766 147	0.766 147	0.766 147	0.338 530	0.378 619
农副食品加工业	0.640 798	0.133 038	0.106 430	0.760 532	0.760 532	0.747 228	0.348 115	0.494 457
食品制造业	0.678 331	0.161 507	0.100 942	0.730 821	0.764 468	0.650 067	0.302 826	0.379 542
饮料制造业	0.485 714	0.103 896	0.142 857	0.831 169	0.753 247	0.831 169	0.327 273	0.342 857
烟草制品业	0.385 714	0.107 143	0.160 714	0.892 857	0.607 143	0.875 000	0.282 143	0.332 143
纺织业	0.491 525	0.762 712	0.508 475	0.180 791	0.251 412	0.209 040	0.073 446	0.192 090
纺织服装，鞋帽制造业	0.142 012	0.923 077	0.857 988	0.065 089	0.047 337	0.112 426	0.017 751	0.071 006
皮革、毛皮、羽毛及其制品业	0.142 012	0.923 077	0.857 988	0.065 089	0.047 337	0.112 426	0.017 751	0.071 006
木材加工和木、竹、藤、草制品业	0.440 605	0.129 590	0.118 790	0.848 812	0.557 235	0.632 829	0.282 937	0.617 711
家具制造业	0.244 085	0.772 105	0.691 158	0.190 535	0.159 402	0.215 442	0.083 437	0.283 935
造纸和纸制品业	0.441 041	0.643 185	0.650 842	0.218 989	0.272 588	0.249 617	0.102 603	0.177 642
印刷和记录媒介复制业	0.231 111	0.688 889	0.655 556	0.288 889	0.233 333	0.400 000	0.104 444	0.153 333
文教、体育用品制造业	0.142 012	0.923 077	0.857 988	0.065 089	0.047 337	0.112 426	0.017 751	0.071 006
石油加工、炼焦和核燃料加工业	0.728 467	0.153 285	0.087591	0.627 737	0.802 920	0.605 839	0.448 175	0.553 285
化学原料和化学制品制造业	0.505 338	0.545 670	0.373 665	0.395 018	0.412 811	0.489 917	0.155 397	0.253 855
医药制造业	0.640 798	0.133 038	0.106 430	0.760 532	0.760 532	0.747 228	0.348 115	0.494 457
化学纤维制造业	0.187 500	1	0.687 500	0.041 667	0.041 667	0.083 333	0	0.083 333
橡胶和塑料制品业	0.142 012	0.923 077	0.857 988	0.065 089	0.047 337	0.112 426	0.017 751	0.071 006

续表

产业名称	北部沿海综合经济区	东部沿海综合经济区	南部沿海综合经济区	长江中游综合经济区	黄河中游综合经济区	大西南综合经济区	大西北综合经济区	东北综合经济区
非金属矿物制造业	0.625 835	0.133 630	0.116 927	0.766 147	0.766 147	0.766 147	0.338 530	0.378 619
黑色金属冶炼和压延加工业	0.640 798	0.133 038	0.106 430	0.760 532	0.760 532	0.747 228	0.348 115	0.494 457
有色金属冶炼和压延加工业	0.508 135	0.075 094	0.131 414	0.831 039	0.793 492	0.831 039	0.451 815	0.376 721
金属制品业	0.142 012	0.923 077	0.857 988	0.065 089	0.047 337	0.112 426	0.017 751	0.071 006
通用设备制造业	0.554 960	0.616 622	0.375 335	0.302 949	0.356 568	0.302 949	0.139 410	0.407 507
专用设备制造业	0.581 907	0.537 897	0.342 298	0.364 303	0.511 002	0.388 753	0.178 484	0.273 839
交通运输设备制造业	0.446 991	0.143 266	0.157 593	0.813 754	0.613 181	0.785 100	0.300 860	0.492 837
电器机械和器材制造业	0.142 012	0.923 077	0.857 988	0.065 089	0.047 337	0.112 426	0.017 751	0.071 006
计算机、通信和其他电子设备制造业	0.142 012	0.923 077	0.857 988	0.065 089	0.047 337	0.112 426	0.017 751	0.071 006
仪器仪表制造业	0.142 012	0.923 077	0.857 988	0.065 089	0.047 337	0.112 426	0.017 751	0.071 006
工艺品及其他制造业	0.142 012	0.923 077	0.857 988	0.065 089	0.047 337	0.112 426	0.017 751	0.071 006
废弃资源综合利用业	0.231 111	0.666 667	0.633 333	0.355 556	0.233 333	0.333 333	0.104 444	0.175 556
热力电力生产及供应业	0.545 232	0.088 020	0.117 359	0.809 291	0.779 951	0.794 621	0.442 543	0.501 222
煤气生产和供应业	0.357 500	0.375 000	0.462 500	0.512 500	0.537 500	0.612 500	0.235 000	0.232 500
水的生产和供应业	0.339 552	0.279 851	0.391 791	0.664 179	0.533 582	0.682 836	0.350 746	0.283 582

附表 3　2007 年全国八大地区各产业密度

产业名称	北部沿海综合经济区	东部沿海综合经济区	南部沿海综合经济区	长江中游综合经济区	黄河中游综合经济区	大西南综合经济区	大西北综合经济区	东北综合经济区
煤炭开采与洗选业	0.640 553	0.082 949	0.152 074	0.764 977	0.806 452	0.806 452	0.433 180	0.502 304
石油和天然气开采业	0.755 014	0.107 450	0.098 854	0.613 181	0.828 080	0.634 670	0.475 645	0.677 650
黑色金属矿采选业	0.655 172	0.091 954	0.137 931	0.747 126	0.793 103	0.770 115	0.436 782	0.586 207

续表

产业名称	北部沿海综合经济区	东部沿海综合经济区	南部沿海综合经济区	长江中游综合经济区	黄河中游综合经济区	大西南综合经济区	大西北综合经济区	东北综合经济区
有色金属矿采选业	0.523 929	0.056 675	0.158 690	0.811 083	0.811 083	0.848 866	0.448 363	0.459 698
非金属矿采选业	0.623 740	0.100 784	0.171 333	0.748 040	0.764 838	0.798 432	0.351 624	0.472 564
农副食品加工业	0.650 862	0.103 448	0.155 172	0.741 379	0.767 241	0.767 241	0.366 379	0.573 276
食品制造业	0.683 252	0.109 223	0.134 709	0.708 738	0.763 350	0.672 330	0.366 505	0.621 359
饮料制造业	0.469 281	0.078 431	0.203 922	0.816 993	0.738 562	0.869 281	0.329 412	0.415 686
烟草制品业	0.378 947	0.105 263	0.217 544	0.868 421	0.596 491	0.885 965	0.259 649	0.371 930
纺织业	0.465 082	0.742 942	0.552 749	0.175 334	0.212 481	0.234 770	0.092 125	0.243 685
纺织服装，鞋帽制造业	0.133 017	0.902 613	0.881 235	0.085 511	0.038 005	0.133 017	0	0.071 259
皮革、毛皮、羽毛及其制品业	0.133 017	0.902 613	0.881 235	0.085 511	0.038 005	0.133 017	0	0.071 259
木材加工和木、竹、藤、草制品业	0.456 790	0.123 457	0.148 148	0.825 103	0.567 901	0.629 630	0.279 835	0.672 840
家具制造业	0.260 870	0.724 638	0.690 821	0.221 014	0.178 744	0.245 169	0.074 879	0.309 179
造纸和纸制品业	0.435 115	0.610 687	0.693 130	0.229 008	0.267 176	0.290 076	0.094 656	0.219 847
印刷和记录媒介复制业	0.230 263	0.657 895	0.684 211	0.303 728	0.232 456	0.429 825	0.081 140	0.165 570
文教、体育用品制造业	0.133 017	0.902 613	0.881 235	0.085 511	0.038 005	0.133 017	0	0.071 259
石油加工、炼焦和核燃料加工业	0.755 014	0.107 450	0.098 854	0.613 181	0.828 080	0.634 670	0.475 645	0.677 650
化学原料和化学制品制造业	0.487 242	0.510 328	0.417 983	0.392 467	0.392 467	0.532 199	0.165 249	0.309 842
医药制造业	0.650 862	0.103 448	0.155 172	0.741 379	0.767 241	0.767 241	0.366 379	0.573 276
化学纤维制造业	0.152 174	1	0.717 391	0.043 478	0	0.086 957	0	0.086 957
橡胶和塑料制品业	0.133 017	0.902 613	0.881 235	0.085 511	0.038 005	0.133 017	0	0.071 259
非金属矿物制造业	0.541 322	0.223 140	0.334 711	0.652 893	0.652 893	0.702 479	0.293 388	0.404 959
黑色金属冶炼和压延加工业	0.655 172	0.091 954	0.137 931	0.747 126	0.793 103	0.770 115	0.436 782	0.586 207

续表

产业名称	北部沿海综合经济区	东部沿海综合经济区	南部沿海综合经济区	长江中游综合经济区	黄河中游综合经济区	大西南综合经济区	大西北综合经济区	东北综合经济区
有色金属冶炼和压延加工业	0.523 929	0.056 675	0.158 690	0.811 083	0.811 083	0.848 866	0.448 363	0.459 698
金属制品业	0.133 017	0.902 613	0.881 235	0.085 511	0.038 005	0.133 017	0	0.071 259
通用设备制造业	0.550 744	0.568 336	0.395 129	0.309 878	0.350 474	0.336 942	0.167 794	0.487 145
专用设备制造业	0.688 915	0.125 149	0.150 179	0.642 431	0.767 580	0.731 824	0.359 952	0.592 372
交通运输设备制造业	0.461 957	0.135 870	0.195 652	0.782 609	0.619 565	0.782 609	0.285 326	0.540 761
电器机械和器材制造业	0.133 017	0.902 613	0.881 235	0.085 511	0.038 005	0.133 017	0	0.071 259
计算机、通信和其他电子设备制造业	0.133 017	0.902 613	0.881 235	0.085 511	0.038 005	0.133 017	0	0.071 259
仪器仪表制造业	0.133 017	0.902 613	0.881 235	0.085 511	0.038 005	0.133 017	0	0.071 259
工艺品及其他制造业	0.133 017	0.902 613	0.881 235	0.085 511	0.038 005	0.133 017	0	0.071 259
废弃资源综合利用业	0.213 004	0.650 224	0.677 130	0.372 197	0.215 247	0.355 381	0.082 960	0.191 704
热力电力生产及供应业	0.573 460	0.071 090	0.142 180	0.786 730	0.800 948	0.800 948	0.445 498	0.573 460
煤气生产和供应业	0.358 629	0.342 717	0.509 180	0.510 404	0.534 884	0.651 163	0.217 870	0.277 846
水的生产和供应业	0.291 080	0.352 113	0.511 737	0.606 808	0.436 620	0.653 756	0.173 709	0.260 563

附表 4　2008 年全国八大地区各产业密度

产业名称	北部沿海综合经济区	东部沿海综合经济区	南部沿海综合经济区	长江中游综合经济区	黄河中游综合经济区	大西南综合经济区	大西北综合经济区	东北综合经济区
煤炭开采与洗选业	0.221 020	0.123 648	0.199 382	0.721 793	0.814 529	0.853 168	0.602 782	0.544 049
石油和天然气开采业	0.262 458	0.116 279	0.122 924	0.667 774	0.850 498	0.684 385	0.573 090	0.742 525
黑色金属矿采选业	0.372 093	0.174 419	0.209 302	0.848 837	0.779 070	0.813 953	0.465 116	0.697 674
有色金属矿采选业	0.247 086	0.174 825	0.228 438	0.842 657	0.737 762	0.842 657	0.506 993	0.562 937
非金属矿采选业	0.284 004	0.190 424	0.226 333	0.853 101	0.738 847	0.804 135	0.391 730	0.673 558

续表

产业名称	北部沿海综合经济区	东部沿海综合经济区	南部沿海综合经济区	长江中游综合经济区	黄河中游综合经济区	大西南综合经济区	大西北综合经济区	东北综合经济区
农副食品加工业	0.377 574	0.180 778	0.224 256	0.862 700	0.766 590	0.807 780	0.379 863	0.711 670
食品制造业	0.381 890	0.170 604	0.204 724	0.842 520	0.763 780	0.724 409	0.3608 92	0.744 094
饮料制造业	0.284 004	0.190 424	0.226 333	0.853 101	0.738 847	0.804 135	0.391 730	0.673 558
烟草制品业	0.200 843	0.203 652	0.258 427	0.859 551	0.627 809	0.838 483	0.512 640	0.487 360
纺织业	0.020 202	1	0.616 162	0.151 515	0.020 202	0.111 111	0.030 303	0.111 111
纺织服装，鞋帽制造业	0.046 404	0.858 469	0.849 188	0.211 137	0.060 325	0.1531 32	0.029 002	0.089 327
皮革、毛皮、羽毛及其制品业	0.046 404	0.858 469	0.849 188	0.211 137	0.060 325	0.153 132	0.029 002	0.089 327
木材加工和木、竹、藤、草制品业	0.250 000	0.235 507	0.233 696	0.873 188	0.565 217	0.619 565	0.298 913	0.728 261
家具制造业	0.133 244	0.511 440	0.718 708	0.569 314	0.259 758	0.401 077	0.141 319	0.253 028
造纸和纸制品业	0.046 404	0.858 469	0.849 188	0.211 137	0.060 325	0.153 132	0.029 002	0.089 327
印刷和记录媒介复制业	0.146 680	0.535 183	0.555 996	0.628 345	0.360 753	0.568 880	0.218 038	0.331 021
文教、体育用品制造业	0.046 404	0.858 469	0.849 188	0.211 137	0.060 325	0.153 132	0.029 002	0.089 327
石油加工、炼焦和核燃料加工业	0.262 458	0.116 279	0.122 924	0.667 774	0.850 498	0.684 385	0.573 090	0.742 525
化学原料和化学制品制造业	0.1705 69	0.434 783	0.361 204	0.715 719	0.481 605	0.682 274	0.384 615	0.414 716
医药制造业	0.377 574	0.180 778	0.224 256	0.862 700	0.766 590	0.807 780	0.379 863	0.711 670
化学纤维制造业	0.020 202	1	0.616 162	0.151 515	0.020 202	0.111 111	0.030 303	0.111 111
橡胶和塑料制品业	0.046 404	0.858 469	0.849 188	0.211 137	0.060 325	0.153 132	0.029 002	0.089 327
非金属矿物制造业	0.264 529	0.280 561	0.386 774	0.759 519	0.639 279	0.711 423	0.322 645	0.579 158
黑色金属冶炼和压延加工业	0.372 093	0.174 419	0.209 302	0.848 837	0.779 070	0.813 953	0.465 116	0.697 674
有色金属冶炼和压延加工业	0.247 086	0.174 825	0.228 438	0.842 657	0.737 762	0.842 657	0.506 993	0.562 937
金属制品业	0.046 404	0.858 469	0.849 188	0.211 137	0.060 325	0.153 132	0.029 002	0.089 327

续表

产业名称	北部沿海综合经济区	东部沿海综合经济区	南部沿海综合经济区	长江中游综合经济区	黄河中游综合经济区	大西南综合经济区	大西北综合经济区	东北综合经济区
通用设备制造业	0.117 735	0.730 253	0.487 332	0.359 165	0.254 844	0.262 295	0.126 677	0.433 681
专用设备制造业	0.333 333	0.333 333	0.301 075	0.763 441	0.645 161	0.709 677	0.333 333	0.623 656
交通运输设备制造业	0.210 856	0.433 194	0.350 731	0.733 820	0.498 956	0.655 532	0.281 837	0.530 271
电器机械和器材制造业	0.046 404	0.858 469	0.849 188	0.211 137	0.060 325	0.153 132	0.029 002	0.089 327
计算机、通信和其他电子设备制造业	0.245 247	0.598 859	0.868 821	0.334 601	0.211 027	0.249 049	0.057 034	0.173 004
仪器仪表制造业	0.046 404	0.858 469	0.849 188	0.211 137	0.060 325	0.153 132	0.029 002	0.089 327
工艺品及其他制造业	0.046 404	0.858 469	0.849 188	0.211 137	0.060 325	0.153 132	0.029 002	0.089 327
废弃资源综合利用业	0.106 681	0.651 940	0.677 802	0.504 310	0.218 750	0.380 388	0.129 310	0.240 302
热力电力生产及供应业	0.270 833	0.260 417	0.354 167	0.760 417	0.666 667	0.729 167	0.406 250	0.583 333
煤气生产和供应业	0.176 761	0.346 106	0.538 937	0.579 728	0.555 006	0.635 352	0.302 843	0.375 773
水的生产和供应业	0.163 616	0.394 737	0.561 785	0.702 517	0.422 197	0.639 588	0.251 716	0.342 105

附表 5 2009 年全国八大地区各产业密度

产业名称	北部沿海综合经济区	东部沿海综合经济区	南部沿海综合经济区	长江中游综合经济区	黄河中游综合经济区	大西南综合经济区	大西北综合经济区	东北综合经济区
煤炭开采与洗选业	0.377 451	0.101 307	0.130 719	0.696 078	0.795 752	0.874 183	0.542 484	0.534 314
石油和天然气开采业	0.587 678	0.170 616	0.099 526	0.715 640	0.744 076	0.744 076	0.445 498	0.715 640
黑色金属矿采选业	0.554 348	0.173 913	0.119 565	0.782 609	0.706 522	0.750 000	0.413 043	0.706 522
有色金属矿采选业	0.462 882	0.144 105	0.117 904	0.816 594	0.724 891	0.790 393	0.423 581	0.698 690
非金属矿采选业	0.438 895	0.149 841	0.143 464	0.850 159	0.681 190	0.786 397	0.333 688	0.697 131
农副食品加工业	0.557 377	0.184 426	0.135 246	0.803 279	0.680 328	0.741 803	0.336 066	0.717 213
食品制造业	0.584 563	0.207 719	0.136 209	0.788 876	0.659 478	0.656 073	0.308 740	0.744 608
饮料制造业	0.438 895	0.149 841	0.143 464	0.850 159	0.681 190	0.786 397	0.333 688	0.697 131

续表

产业名称	北部沿海综合经济区	东部沿海综合经济区	南部沿海综合经济区	长江中游综合经济区	黄河中游综合经济区	大西南综合经济区	大西北综合经济区	东北综合经济区
烟草制品业	0.306 056	0.150 573	0.229 133	0.914 894	0.509 002	0.841 244	0.255 319	0.525 368
纺织业	0.541 667	0.781 667	0.500 000	0.271 667	0.183 333	0.193 333	0.128 333	0.300 000
纺织服装，鞋帽制造业	0.192 913	0.816 273	0.839 895	0.186 352	0.041 995	0.118 110	0.039 370	0.087 927
皮革、毛皮、羽毛及其制品业	0.119 048	0.595 238	1	0.190 476	0.047 619	0.142 857	0	0.047 619
木材加工和木、竹、藤、草制品业	0.411 972	0.191 901	0.176 056	0.917 254	0.498 239	0.632 042	0.213 028	0.762 324
家具制造业	0.326 969	0.344 869	0.477 327	0.681 384	0.361 575	0.488 067	0.144 391	0.516 706
造纸和纸制品业	0.449 838	0.561 489	0.711 974	0.292 880	0.190 939	0.2362 46	0.076 052	0.247 573
印刷和记录媒介复制业	0.257 662	0.308 740	0.499 432	0.691 260	0.375 709	0.628 831	0.177 072	0.375 709
文教、体育用品制造业	0.192 913	0.816 273	0.839 895	0.186 352	0.041 995	0.118 110	0.039 370	0.087 927
石油加工、炼焦和核燃料加工业	0.638 504	0.195 291	0.083 102	0.663 435	0.750 693	0.638 504	0.455 679	0.750 693
化学原料和化学制品制造业	0.477 564	0.407 051	0.288 462	0.685 897	0.439 103	0.608 974	0.227 564	0.503 205
医药制造业	0.541 442	0.216 362	0.161 464	0.815 931	0.580 194	0.719 053	0.276 642	0.693 219
化学纤维制造业	0.281 800	0.786 693	0.489 237	0.242 661	0.236 791	0.242 661	0.330 724	0.207 436
橡胶和塑料制品业	0.424 051	0.694 937	0.658 228	0.307 595	0.164 557	0.222 785	0.084 810	0.253 165
非金属矿物制造业	0.557 377	0.184 426	0.135 246	0.803 279	0.680 328	0.741 803	0.336 066	0.717 213
黑色金属冶炼和压延加工业	0.554 348	0.173 913	0.119 565	0.782 609	0.706 522	0.750 000	0.413 043	0.706 522
有色金属冶炼和压延加工业	0.392 899	0.134 911	0.142 012	0.815 385	0.715 976	0.829 586	0.442 604	0.591 716
金属制品业	0.192 913	0.816 273	0.839 895	0.186 352	0.041 995	0.118 110	0.039 370	0.087 927
通用设备制造业	0.594 444	0.577 778	0.333 333	0.480 556	0.347 222	0.338 889	0.175 000	0.569 444
专用设备制造业	0.555 085	0.355 932	0.216 102	0.694 915	0.567 797	0.567 797	0.275 424	0.656 780
交通运输设备制造业	0.401 869	0.364 486	0.264 798	0.741 433	0.470 405	0.635 514	0.233 645	0.579 439

续表

产业名称	北部沿海综合经济区	东部沿海综合经济区	南部沿海综合经济区	长江中游综合经济区	黄河中游综合经济区	大西南综合经济区	大西北综合经济区	东北综合经济区
电器机械和器材制造业	0.192 913	0.816 273	0.839 895	0.186 352	0.041 995	0.118 110	0.039 370	0.087 927
计算机、通信和其他电子设备制造业	0.192 913	0.816 273	0.839 895	0.186 352	0.041 995	0.118 110	0.039 370	0.087 927
仪器仪表制造业	0.192 913	0.816 273	0.839 895	0.186 352	0.041 995	0.118 110	0.039 370	0.087 927
工艺品及其他制造业	0.192 913	0.816 273	0.839 895	0.186 352	0.041 995	0.118 110	0.039 370	0.087 927
废弃资源综合利用业	0.256 180	0.588 764	0.629 213	0.505 618	0.196 629	0.349 438	0.092 135	0.280 899
热力电力生产及供应业	0.392 899	0.134 911	0.142 012	0.815 385	0.715 976	0.829 586	0.442 604	0.591 716
煤气生产和供应业	0.286 079	0.283 525	0.485 313	0.567 050	0.508 301	0.639 847	0.259 259	0.367 816
水的生产和供应业	0.257 662	0.308 740	0.499 432	0.691 260	0.375 709	0.628 831	0.177 072	0.375 709

附表 6　2010 年全国八大地区各产业密度

产业名称	北部沿海综合经济区	东部沿海综合经济区	南部沿海综合经济区	长江中游综合经济区	黄河中游综合经济区	大西南综合经济区	大西北综合经济区	东北综合经济区
煤炭开采与洗选业	0.540 816	0.153 061	0.114 796	0.613 520	0.732 143	0.732 143	0.494 898	0.540 816
石油和天然气开采业	0.614 344	0.182 679	0.081 191	0.569 689	0.756 428	0.594 046	0.484 438	0.695 535
黑色金属矿采选业	0.551 807	0.159 036	0.101 205	0.638 554	0.725 301	0.710 843	0.450 602	0.653 012
有色金属矿采选业	0.350 057	0.136 830	0.136 830	0.787 913	0.709 236	0.811 859	0.428 734	0.538 198
非金属矿采选业	0.362 033	0.155 602	0.140 041	0.822 614	0.673 237	0.782 158	0.312 241	0.657 676
农副食品加工业	0.482 105	0.176 842	0.138 947	0.747 368	0.658 947	0.734 737	0.330 526	0.658 947
食品制造业	0.510 686	0.202 475	0.134 983	0.723 285	0.662 542	0.645 669	0.321 710	0.696 288
饮料制造业	0.362 033	0.155 602	0.140 041	0.822 614	0.673 237	0.782 158	0.312 241	0.657 676
烟草制品业	0.238 953	0.155 483	0.229 133	0.923 077	0.492 635	0.885 434	0.224 223	0.484 452
纺织业	0.515 860	0.767 947	0.500 835	0.220 367	0.181 970	0.181 970	0.161 937	0.273 790
纺织服装，鞋帽制造业	0.176 471	0.816 993	0.836 601	0.189 542	0.045 752	0.117 647	0.039 216	0.091 503

续表

产业名称	北部沿海综合经济区	东部沿海综合经济区	南部沿海综合经济区	长江中游综合经济区	黄河中游综合经济区	大西南综合经济区	大西北综合经济区	东北综合经济区
皮革、毛皮、羽毛及其制品业	0.119 048	0.595 238	1	0.190 476	0.047 619	0.142 857	0	0.047 619
木材加工和木、竹、藤、草制品业	0.317 073	0.176 829	0.195 122	0.867 073	0.536 585	0.792 683	0.230 488	0.640 244
家具制造业	0.264 354	0.352 871	0.478 469	0.662 679	0.360 048	0.509 569	0.127 990	0.497 608
造纸和纸制品业	0.446 254	0.545 603	0.716 612	0.239 414	0.185 668	0.226 384	0.109 121	0.218 241
印刷和记录媒介复制业	0.208 754	0.308 642	0.493 827	0.700 337	0.360 269	0.652 076	0.153 760	0.354 658
文教、体育用品制造业	0.176 471	0.816 993	0.836 601	0.189 542	0.045 752	0.117 647	0.039 216	0.091 503
石油加工、炼焦和核燃料加工业	0.614 344	0.182 679	0.081 191	0.569 689	0.756 428	0.594 046	0.484 438	0.695 535
化学原料和化学制品制造业	0.412 698	0.396 825	0.285 714	0.657 143	0.428 571	0.619 048	0.231 746	0.460 317
医药制造业	0.470 021	0.208 779	0.160 600	0.768 737	0.566 381	0.726 981	0.274 090	0.646 681
化学纤维制造业	0.294 004	0.783 366	0.483 559	0.232 108	0.245 648	0.216 634	0.332 689	0.197 292
橡胶和塑料制品业	0.404 309	0.684 411	0.659 062	0.268 695	0.163 498	0.214 195	0.110 266	0.233 207
非金属矿物制造业	0.362 033	0.155 602	0.140 041	0.822 614	0.673 237	0.782 158	0.312 241	0.657 676
黑色金属冶炼和压延加工业	0.494 382	0.168 539	0.123 596	0.719 101	0.685 393	0.730 337	0.404 494	0.640 449
有色金属冶炼和压延加工业	0.350 057	0.136 830	0.136 830	0.787 913	0.709 236	0.811 859	0.428 734	0.538 198
金属制品业	0.176 471	0.816 993	0.836 601	0.189 542	0.045 752	0.117 647	0.039 216	0.091 503
通用设备制造业	0.547 354	0.571 031	0.334 262	0.416 435	0.345 404	0.331 476	0.193 593	0.547 354
专用设备制造业	0.354 839	0.370 968	0.241 935	0.683 871	0.548 387	0.564 516	0.251 613	0.596 774
交通运输设备制造业	0.323 077	0.369 231	0.261 538	0.729 231	0.461 538	0.646 154	0.209 231	0.553 846
电器机械和器材制造业	0.176 471	0.816 993	0.836 601	0.189 542	0.045 752	0.117 647	0.039 216	0.091 503
计算机、通信和其他电子设备制造业	0.176 471	0.816 993	0.836 601	0.189 542	0.045 752	0.117 647	0.039 216	0.091 503

续表

产业名称	北部沿海综合经济区	东部沿海综合经济区	南部沿海综合经济区	长江中游综合经济区	黄河中游综合经济区	大西南综合经济区	大西北综合经济区	东北综合经济区
仪器仪表制造业	0.176 471	0.816 993	0.836 601	0.189 542	0.045 752	0.117 647	0.039 216	0.091 503
工艺品及其他制造业	0.176 471	0.816 993	0.836 601	0.189 542	0.045 752	0.117 647	0.039 216	0.091 503
废弃资源综合利用业	0.204 036	0.594 170	0.627 803	0.506 726	0.198 430	0.366 592	0.084 081	0.265 695
热力电力生产及供应业	0.350 057	0.136 830	0.136 830	0.787 913	0.709 236	0.811 859	0.428 734	0.538 198
煤气生产和供应业	0.265 255	0.280 199	0.473 225	0.571 606	0.495 641	0.626 401	0.241 594	0.358 655
水的生产和供应业	0.208 754	0.308 642	0.493 827	0.700 337	0.360 269	0.652 076	0.153 760	0.354 658

附表 7　2011 年全国八大地区各产业密度

产业名称	北部沿海综合经济区	东部沿海综合经济区	南部沿海综合经济区	长江中游综合经济区	黄河中游综合经济区	大西南综合经济区	大西北综合经济区	东北综合经济区
煤炭开采与洗选业	0.541 985	0.145 038	0.171 756	0.599 237	0.667 939	0.702 290	0.408 397	0.522 901
石油和天然气开采业	0.668 050	0.195 021	0.103 734	0.564 315	0.680 498	0.576 763	0.402 490	0.668 050
黑色金属矿采选业	0.601 828	0.227 154	0.176 240	0.621 410	0.463 446	0.668 407	0.229 765	0.640 992
有色金属矿采选业	0.361 702	0.099 291	0.195 035	0.769 504	0.673 759	0.812 057	0.361 702	0.503 546
非金属矿采选业	0.396 825	0.133 333	0.174 603	0.793 651	0.628 571	0.787 302	0.260 317	0.619 048
农副食品加工业	0.525 000	0.187 500	0.175 000	0.737 500	0.587 500	0.700 000	0.262 500	0.625 000
食品制造业	0.581 940	0.220 736	0.167 224	0.715 719	0.591 973	0.612 040	0.257 525	0.648 829
饮料制造业	0.396 825	0.133 333	0.174 603	0.793 651	0.628 571	0.787 302	0.260 317	0.619 048
烟草制品业	0.285 714	0.130 159	0.269 841	0.880 952	0.453 968	0.861 905	0.188 889	0.452 381
纺织业	0.640 468	0.767 559	0.451 505	0.289 298	0.160 535	0.148 829	0.095 318	0.306 020
纺织服装，鞋帽制造业	0.259 259	0.779 202	0.819 088	0.230 769	0.066 952	0.128 205	0	0.066 952
皮革、毛皮、羽毛及其制品业	0.141 176	0.494 118	1	0.223 529	0.082 353	0.176 471	0	0

续表

产业名称	北部沿海综合经济区	东部沿海综合经济区	南部沿海综合经济区	长江中游综合经济区	黄河中游综合经济区	大西南综合经济区	大西北综合经济区	东北综合经济区
木材加工和木、竹、藤、草制品业	0.382 567	0.156 174	0.205 811	0.824 455	0.484 262	0.801 453	0.194 915	0.606 538
家具制造业	0.265 193	0.267 403	0.513 812	0.696 133	0.354 696	0.660 773	0.131 492	0.314 917
造纸和纸制品业	0.486 581	0.395 566	0.525 088	0.597 433	0.289 382	0.435 239	0.115 519	0.329 055
印刷和记录媒介复制业	0.265 193	0.267 403	0.513 812	0.696 133	0.354 696	0.660 773	0.131 492	0.314 917
文教、体育用品制造业	0.141 176	0.494 118	1	0.223 529	0.082 353	0.176 471	0	0
石油加工、炼焦和核燃料加工业	0.668 050	0.195 021	0.103 734	0.564 315	0.680 498	0.576 763	0.402 490	0.668 050
化学原料和化学制品制造业	0.565 742	0.537 998	0.379 976	0.583 836	0.271 411	0.377 563	0.119 421	0.396 864
医药制造业	0.529 781	0.210 031	0.188 088	0.749 216	0.495 298	0.695 925	0.222 571	0.623 824
化学纤维制造业	0.332 425	1	0.572 207	0.182 561	0.032 698	0.040 872	0	0.128 065
橡胶和塑料制品业	0.520 295	0.662 977	0.633 456	0.329 643	0.161 132	0.201 722	0.070 111	0.225 092
非金属矿物制造业	0.396 825	0.133 333	0.174 603	0.793 651	0.628 571	0.787 302	0.260 317	0.619 048
黑色金属冶炼和压延加工业	0.547 945	0.191 781	0.164 384	0.726 027	0.534 247	0.698 630	0.301 370	0.616 438
有色金属冶炼和压延加工业	0.361 702	0.099 291	0.195 035	0.769 504	0.673 759	0.812 057	0.361 702	0.503 546
金属制品业	0.520 295	0.662 977	0.633 456	0.329 643	0.161 132	0.201 722	0.070 111	0.225 092
通用设备制造业	0.679 837	0.580 381	0.299 728	0.434 605	0.286 104	0.310 627	0.134 877	0.543 597
专用设备制造业	0.565 789	0.368 421	0.236 842	0.644 737	0.500 000	0.513 158	0.210 526	0.578 947
交通运输设备制造业	0.398 734	0.338 608	0.268 987	0.715 190	0.424 051	0.645 570	0.164 557	0.541 139
电器机械和器材制造业	0.259 259	0.779 202	0.819 088	0.230 769	0.066 952	0.128 205	0	0.066 952
计算机、通信和其他电子设备制造业	0.259 259	0.779 202	0.819 088	0.230 769	0.066 952	0.128 205	0	0.066 952
仪器仪表制造业	0.259 259	0.779 202	0.819 088	0.230 769	0.066 952	0.128 205	0	0.066 952
工艺品及其他制造业	0.259 259	0.779 202	0.819 088	0.230 769	0.066 952	0.128 205	0	0.066 952

续表

产业名称	北部沿海综合经济区	东部沿海综合经济区	南部沿海综合经济区	长江中游综合经济区	黄河中游综合经济区	大西南综合经济区	大西北综合经济区	东北综合经济区
废弃资源综合利用业	0.318 442	0.565 865	0.630 011	0.541 810	0.201 604	0.359 679	0.048 110	0.221 077
热力电力生产及供应业	0.346 774	0.043 548	0.177 419	0.637 097	0.751 613	0.859 677	0.450 000	0.475 806
煤气生产和供应业	0.269 802	0.231 436	0.501 238	0.554 455	0.502 475	0.657 178	0.212 871	0.313 119
水的生产和供应业	0.303 406	0.210 526	0.402 477	0.705 882	0.526 316	0.696 594	0.210 526	0.396 285

附表 8 2012 年全国八大地区各产业密度

产业名称	北部沿海综合经济区	东部沿海综合经济区	南部沿海综合经济区	长江中游综合经济区	黄河中游综合经济区	大西南综合经济区	大西北综合经济区	东北综合经济区
煤炭开采与洗选业	0.547 794	0.169 118	0.279 412	0.500 000	0.658 088	0.738 971	0.437 500	0.566 176
石油和天然气开采业	0.652 344	0.218 750	0.238 281	0.468 750	0.671 875	0.613 281	0.410 156	0.710 938
黑色金属矿采选业	0.582 933	0.235 577	0.301 683	0.506 010	0.438 702	0.713 942	0.219 952	0.703 125
有色金属矿采选业	0.342 466	0.171 233	0.308 219	0.702 055	0.633 562	0.808 219	0.390 411	0.530 822
非金属矿采选业	0.379 104	0.194 030	0.298 507	0.7104 48	0.573 134	0.779 104	0.268 657	0.662 687
农副食品加工业	0.505 882	0.235 294	0.294 118	0.647 059	0.564 706	0.705 882	0.270 588	0.670 588
食品制造业	0.506 173	0.320 988	0.419 753	0.604 938	0.506 173	0.580 247	0.234 568	0.617 284
饮料制造业	0.379 104	0.194 030	0.298 507	0.710 448	0.573 134	0.779 104	0.268 657	0.662 687
烟草制品业	0.252 294	0.223 242	0.368 502	0.813 456	0.397 554	0.840 979	0.192 661	0.489 297
纺织业	0.641 248	0.764 298	0.405 546	0.329 289	0.181 976	0.209 705	0.119 584	0.363 951
纺织服装，鞋帽制造业	0.281 286	0.619 977	0.637 199	0.626 866	0.195 178	0.405 281	0.092 997	0.309 989
皮革、毛皮、羽毛及其制品业	0.191 977	0.478 510	1	0.340 974	0.134 670	0.349 570	0.077 364	0.177 650
木材加工和木、竹、藤、草制品业	0.348 941	0.231 884	0.337 793	0.733 556	0.426 979	0.784 838	0.187 291	0.649 944
家具制造业	0.331 412	0.288 184	0.472 622	0.674 352	0.403 458	0.711 816	0.187 320	0.576 369
造纸和纸制品业	0.470 862	0.327 506	0.557 110	0.459 207	0.336 830	0.631 702	0.195 804	0.447 552

续表

产业名称	北部沿海综合经济区	东部沿海综合经济区	南部沿海综合经济区	长江中游综合经济区	黄河中游综合经济区	大西南综合经济区	大西北综合经济区	东北综合经济区
印刷和记录媒介复制业	0.251 354	0.317 443	0.574 215	0.683 640	0.332 611	0.706 392	0.165 764	0.413 868
文教、体育用品制造业	0.286 159	0.763 608	0.755 832	0.370 140	0.091 757	0.231 726	0.060 653	0.192 846
石油加工、炼焦和核燃料加工业	0.652 344	0.218 750	0.238 281	0.468 750	0.671 875	0.613 281	0.410 156	0.7109 38
化学原料和化学制品制造业	0.510 303	0.606 061	0.403 636	0.603 636	0.261 818	0.393 939	0.134 545	0.431 515
医药制造业	0.491 176	0.264 706	0.308 824	0.655 882	0.461 765	0.708 824	0.220 588	0.667 647
化学纤维制造业	0.304 688	1	0.434 896	0.309 896	0.031 250	0.070 313	0.031 250	0.161 458
橡胶和塑料制品业	0.544 554	0.528 053	0.5115 51	0.445 545	0.297 030	0.409 241	0.151 815	0.544 554
非金属矿物制造业	0.379 104	0.194 030	0.298 507	0.710 448	0.573 134	0.779 104	0.268 657	0.662 687
黑色金属冶炼和压延加工业	0.567 568	0.189 189	0.270 270	0.527 027	0.635 135	0.716 216	0.378 378	0.675 676
有色金属冶炼和压延加工业	0.342 466	0.171 233	0.308 219	0.702 055	0.633 562	0.808 219	0.390 411	0.530 822
金属制品业	0.517 370	0.655 087	0.624 069	0.383 375	0.188 586	0.301 489	0.119 107	0.337 469
通用设备制造业	0.638 462	0.567 949	0.353 846	0.430 769	0.292 308	0.378 205	0.142 308	0.606 410
专用设备制造业	0.537 500	0.412 500	0.325 000	0.612 500	0.487 500	0.525 000	0.225 000	0.625 000
交通运输设备制造业	0.365 497	0.391 813	0.365 497	0.684 211	0.380 117	0.649 123	0.175 439	0.584 795
电器机械和器材制造业	0.281 286	0.619 977	0.637 199	0.626 866	0.195 178	0.405 281	0.092 997	0.309 989
计算机、通信和其他电子设备制造业	0.286 159	0.763 608	0.755 832	0.370 140	0.091 757	0.231 726	0.060 653	0.192 846
仪器仪表制造业	0.304 688	1	0.434 896	0.309 896	0.031 250	0.070 313	0.031 250	0.161 458
工艺品及其他制造业	0.320 513	0.423 077	0.512 821	0.628 205	0.371 795	0.615 385	0.256 410	0.410 256
废弃资源综合利用业	0.281 286	0.619 977	0.637 199	0.626 866	0.195 178	0.405 281	0.092 997	0.309 989
热力电力生产及供应业	0.347 670	0.200 717	0.483 871	0.526 882	0.580 645	0.741 935	0.390 681	0.455 197

续表

产业名称	北部沿海综合经济区	东部沿海综合经济区	南部沿海综合经济区	长江中游综合经济区	黄河中游综合经济区	大西南综合经济区	大西北综合经济区	东北综合经济区
煤气生产和供应业	0.310 513	0.227 384	0.559 902	0.530 562	0.487 775	0.729 829	0.260 391	0.438 875
水的生产和供应业	0.351 936	0.268 793	0.538 724	0.534 169	0.363 326	0.708 428	0.174 260	0.568 337

附表 9　2013 年全国八大地区各产业密度

产业名称	北部沿海综合经济区	东部沿海综合经济区	南部沿海综合经济区	长江中游综合经济区	黄河中游综合经济区	大西南综合经济区	大西北综合经济区	东北综合经济区
煤炭开采与洗选业	0.544 521	0.174 658	0.294 521	0.465 753	0.698 630	0.756 849	0.527 397	0.424 658
石油和天然气开采业	0.685 259	0.183 267	0.22 3108	0.438 247	0.745 020	0.605 578	0.517 928	0.605 578
黑色金属矿采选业	0.581 081	0.189 189	0.270 270	0.500 000	0.689 189	0.716 216	0.472 973	0.540 541
有色金属矿采选业	0.352 564	0.176 282	0.320 513	0.657 051	0.657 051	0.820 513	0.461 538	0.384 615
非金属矿采选业	0.390 769	0.200 000	0.292 308	0.701 538	0.606 154	0.772 308	0.338 462	0.513 846
农副食品加工业	0.518 072	0.228 916	0.289 157	0.638 554	0.602 410	0.698 795	0.337 349	0.542 169
食品制造业	0.525 641	0.282 051	0.410 256	0.602 564	0.538 462	0.576 923	0.294 872	0.512 821
饮料制造业	0.303 855	0.201 814	0.349 206	0.734 694	0.564 626	0.820 862	0.326 531	0.371 882
烟草制品业	0.230 548	0.239 193	0.397 695	0.809 798	0.403 458	0.835 735	0.224 784	0.317 003
纺织业	0.643 116	0.726 449	0.387 681	0.307 971	0.217 391	0.282 609	0.152 174	0.326 087
纺织服装，鞋帽制造业	0.269 805	0.562 572	0.631 458	0.621 125	0.195 178	0.485 649	0.110 218	0.223 881
皮革、毛皮、羽毛及其制品业	0.203 390	0.401 130	1	0.378 531	0.118 644	0.401 130	0.118 644	0.090 395
木材加工和木、竹、藤、草制品业	0.339 907	0.247 100	0.345 708	0.751 740	0.450 116	0.770 302	0.229 698	0.484 919
家具制造业	0.242 171	0.311 065	0.584 551	0.684 760	0.336 117	0.732 777	0.206 681	0.263 048
造纸和纸制品业	0.457 531	0.329 558	0.575 311	0.463 194	0.355 606	0.653 454	0.258 211	0.304 643
印刷和记录媒介复制业	0.242 171	0.311 065	0.584 551	0.684 760	0.336 117	0.732 777	0.206 681	0.263 048
文教、体育用品制造业	0.279 294	0.707 865	0.747 994	0.373 997	0.086 677	0.335 474	0.086 677	0.126 806

续表

产业名称	北部沿海综合经济区	东部沿海综合经济区	南部沿海综合经济区	长江中游综合经济区	黄河中游综合经济区	大西南综合经济区	大西北综合经济区	东北综合经济区
石油加工、炼焦和核燃料加工业	0.685 259	0.183 267	0.223 108	0.438 247	0.745 020	0.605 578	0.517 928	0.605 578
化学原料和化学制品制造业	0.495 122	0.548 780	0.400 000	0.595 122	0.287 805	0.451 220	0.153 659	0.360 976
医药制造业	0.498 462	0.261 538	0.307 692	0.655 385	0.498 462	0.695 385	0.276 923	0.529 231
化学纤维制造业	0.284 123	1	0.395 543	0.275 766	0.033 426	0.186 630	0.033 426	0.130 919
橡胶和塑料制品业	0.609 524	0.368 707	0.541 497	0.423 129	0.351 020	0.455 782	0.212 245	0.493 878
非金属矿物制造业	0.390 769	0.200 000	0.292 308	0.701 538	0.606 154	0.772 308	0.338 462	0.513 846
黑色金属冶炼和压延加工业	0.544 521	0.174 658	0.294 521	0.465 753	0.698 630	0.756 849	0.527 397	0.424 658
有色金属冶炼和压延加工业	0.352 564	0.176 282	0.320 513	0.657 051	0.657 051	0.820 513	0.461 538	0.384 615
金属制品业	0.511 307	0.606 784	0.625 628	0.369 347	0.203 518	0.374 372	0.158 291	0.266 332
通用设备制造业	0.668 571	0.568 571	0.337 143	0.408 571	0.325 714	0.371 429	0.180 000	0.540 000
专用设备制造业	0.552 632	0.381 579	0.302 632	0.605 263	0.526 316	0.5394 74	0.276 316	0.539 474
交通运输设备制造业	0.357 143	0.400 621	0.357 143	0.680 124	0.403 727	0.673 913	0.217391	0.450 311
电器机械和器材制造业	0.269 805	0.562 572	0.631 458	0.621 125	0.195 178	0.485649	0.110 218	0.223 881
计算机、通信和其他电子设备制造业	0.281 424	0.509 455	0.631 813	0.486 096	0.242 492	0.617 353	0.186 874	0.203 560
仪器仪表制造业	0.284 123	1	0.395 543	0.275 766	0.033 426	0.186 630	0.033 426	0.130 919
工艺品及其他制造业	0.312 500	0.400 000	0.512 500	0.600 000	0.400 000	0.675 000	0.312 500	0.287 500
废弃资源综合利用业	0.216 012	0.364 048	0.691 843	0.712 991	0.238 671	0.552 870	0.126 888	0.223 565
热力电力生产及供应业	0.357 860	0.204 013	0.484 950	0.491 639	0.608 696	0.775 920	0.481 605	0.307 692
煤气生产和供应业	0.357 860	0.204 013	0.484 950	0.491 639	0.608 696	0.775 920	0.481 605	0.307 692
水的生产和供应业	0.281 424	0.509 455	0.631 813	0.486 096	0.242 492	0.617 353	0.186 874	0.203 560

附表 10　2014 年全国八大地区各产业密度

产业名称	北部沿海综合经济区	东部沿海综合经济区	南部沿海综合经济区	长江中游综合经济区	黄河中游综合经济区	大西南综合经济区	大西北综合经济区	东北综合经济区
煤炭开采与洗选业	0.537 162	0.155 405	0.219 595	0.570 946	0.668 919	0.746 622	0.560 811	0.543 919
石油和天然气开采业	0.659 004	0.176 245	0.103 448	0.513 410	0.754 789	0.624 521	0.582 375	0.704 981
黑色金属矿采选业	0.556 962	0.164 557	0.177 215	0.582 278	0.696 203	0.734 177	0.544 304	0.645 570
有色金属矿采选业	0.388 235	0.152 941	0.223 529	0.741 176	0.670 588	0.800 000	0.517 647	0.600 000
非金属矿采选业	0.350 000	0.161 765	0.235 294	0.767 647	0.623 529	0.811 765	0.417 647	0.602 941
农副食品加工业	0.477 273	0.193 182	0.227 273	0.681 818	0.625 000	0.738 636	0.431 818	0.613 636
食品制造业	0.538 462	0.192 308	0.179 487	0.653 846	0.692 308	0.666 667	0.525 641	0.641 026
饮料制造业	0.350 000	0.161 765	0.235 294	0.767 647	0.623 529	0.811 765	0.417 647	0.602 941
烟草制品业	0.251 732	0.170 901	0.360 277	0.806 005	0.484 988	0.854 503	0.450 346	0.408 776
纺织业	0.677 305	0.719 858	0.340 426	0.257 092	0.207 447	0.244 681	0.164 894	0.313 830
纺织服装，鞋帽制造业	0.238 824	0.517 647	0.611 765	0.670 588	0.187 059	0.534 118	0.157 647	0.211 765
皮革、毛皮、羽毛及其制品业	0.216 049	0.376 543	1	0.444 444	0.037 037	0.444 444	0.074 074	0
木材加工和木、竹、藤、草制品业	0.284 473	0.204 126	0.312 704	0.790 445	0.469 055	0.828 447	0.326 819	0.540 717
家具制造业	0.204 569	0.257 529	0.573 209	0.772 586	0.308 411	0.788 162	0.256 490	0.286 604
造纸和纸制品业	0.448 316	0.297 329	0.543 554	0.526 132	0.310 105	0.681 765	0.267 131	0.317 073
印刷和记录媒介复制业	0.204 569	0.257 529	0.573 209	0.772 586	0.308 411	0.788 162	0.256 490	0.286 604
文教、体育用品制造业	0.309 524	0.707 483	0.707 483	0.404 762	0.040 816	0.333 333	0.061 224	0.088 435
石油加工、炼焦和核燃料加工业	0.659 004	0.176 245	0.103 448	0.513 410	0.754 789	0.624 521	0.582 375	0.704 981
化学原料和化学制品制造业	0.677 305	0.719 858	0.340 426	0.257 092	0.207 447	0.244 681	0.164 894	0.313 830
医药制造业	0.450 292	0.219 298	0.266 082	0.681287	0.523 392	0.739 766	0.362 573	0.573 099
化学纤维制造业	0.252 322	0.600 619	0.411 765	0.690402	0.227 554	0.479 876	0.170 279	0.278 638
橡胶和塑料制品业	0.602 837	0.414 894	0.645 390	0.345745	0.207 447	0.407 801	0.186 170	0.221 631

续表

产业名称	北部沿海综合经济区	东部沿海综合经济区	南部沿海综合经济区	长江中游综合经济区	黄河中游综合经济区	大西南综合经济区	大西北综合经济区	东北综合经济区
非金属矿物制造业	0.350 000	0.161 765	0.235 294	0.767647	0.623 529	0.811 765	0.417 647	0.602 941
黑色金属冶炼和压延加工业	0.556 962	0.164 557	0.177 215	0.582278	0.696 203	0.734 177	0.544 304	0.645 570
有色金属冶炼和压延加工业	0.326 154	0.138 462	0.270 769	0.772 308	0.640 000	0.830 769	0.523 077	0.498 462
金属制品业	0.524 064	0.598 930	0.582 888	0.372 995	0.172 460	0.377 005	0.156 417	0.236 631
通用设备制造业	0.647 309	0.549 575	0.243 626	0.372 521	0.373 938	0.405 099	0.242 210	0.565 156
专用设备制造业	0.518 987	0.341 772	0.227 848	0.620 253	0.569 620	0.582 278	0.379 747	0.594 937
交通运输设备制造业	0.368 165	0.422 843	0.311 057	0.571 081	0.375 456	0.676 792	0.261 239	0.512 758
电器机械和器材制造业	0.238 824	0.517 647	0.611 765	0.670 588	0.187 059	0.534 118	0.157 647	0.211 765
计算机、通信和其他电子设备制造业	0.275 145	0.471 676	0.601 156	0.561 850	0.201 156	0.639 306	0.186 127	0.231 214
仪器仪表制造业	0.345 679	1	0.376 543	0.290 123	0.037 037	0.160 494	0.037 037	0.160 494
工艺品及其他制造业	0.292 683	0.341 463	0.463 415	0.695 122	0.402 439	0.707 317	0.378 049	0.341 463
废弃资源综合利用业	0.204 569	0.257 529	0.573 209	0.772 586	0.308 411	0.788 162	0.256 490	0.286 604
热力电力生产及供应业	0.326 154	0.138 462	0.270 769	0.772 308	0.640 000	0.830 769	0.523 077	0.498 462
煤气生产和供应业	0.321 429	0.190 476	0.392 857	0.738 095	0.559 524	0.785 714	0.476 190	0.428 571
水的生产和供应业	0.204 569	0.257 529	0.573 209	0.772 586	0.308 411	0.788 162	0.256 490	0.286 604

附表 11　2015 年全国八大地区各产业密度

产业名称	北部沿海综合经济区	东部沿海综合经济区	南部沿海综合经济区	长江中游综合经济区	黄河中游综合经济区	大西南综合经济区	大西北综合经济区	东北综合经济区
煤炭开采与洗选业	0.241 935	0.090 909	0.258 065	0.579 179	0.728 739	0.785 924	0.567 449	0.589 443
石油和天然气开采业	0.366 612	0.096 563	0.108 020	0.563 011	0.852 700	0.631 751	0.620 295	0.787 234

续表

产业名称	北部沿海综合经济区	东部沿海综合经济区	南部沿海综合经济区	长江中游综合经济区	黄河中游综合经济区	大西南综合经济区	大西北综合经济区	东北综合经济区
黑色金属矿采选业	0.444 444	0.209 877	0.222 222	0.691 358	0.641 975	0.703 704	0.345 679	0.716 049
有色金属矿采选业	0.333 333	0.153 846	0.217 949	0.705 128	0.705 128	0.756 410	0.448 718	0.717 949
非金属矿采选业	0.310 127	0.180 380	0.227 848	0.750 000	0.651 899	0.781 646	0.354 430	0.715 190
农副食品加工业	0.444 444	0.209 877	0.222 222	0.691 358	0.641 975	0.703 704	0.345 679	0.716 049
食品制造业	0.486 111	0.194 444	0.180 556	0.652 778	0.708 333	0.611 111	0.444 444	0.736 111
饮料制造业	0.310 127	0.180 380	0.227 848	0.750 000	0.651 899	0.781 646	0.354 430	0.715 190
烟草制品业	0.203 187	0.175 299	0.324 037	0.743 692	0.535 193	0.799 469	0.415 671	0.521 912
纺织业	0.667 897	0.745 387	0.378 229	0.267 528	0.160 517	0.186 347	0.071 956	0.289 668
纺织服装，鞋帽制造业	0.264 128	0.539 312	0.604 423	0.573 710	0.201 474	0.464 373	0.111 794	0.262 899
皮革、毛皮、羽毛及其制品业	0.199 005	0.310 945	1	0.236 318	0.067 164	0.328 358	0.067 164	0.029 851
木材加工和木、竹、藤、草制品业	0.270 205	0.215 923	0.276 236	0.785 283	0.517 491	0.803 378	0.287 093	0.656 212
家具制造业	0.199 005	0.310 945	1	0.236 318	0.067 164	0.328 358	0.067 164	0.029 851
造纸和纸制品业	0.557 432	0.400 338	0.712 838	0.266 892	0.172 297	0.309 122	0.111 486	0.206 081
印刷和记录媒介复制业	0.198 404	0.281 642	0.568 985	0.673 888	0.332 953	0.721 779	0.207 526	0.367 161
文教、体育用品制造业	0.302 839	0.657 729	0.736 593	0.279 180	0.061 514	0.287 066	0.042 587	0.093 060
石油加工、炼焦和核燃料加工业	0.538 462	0.170 040	0.149 798	0.522 267	0.757 085	0.562 753	0.510 121	0.757 085
化学原料和化学制品制造业	0.667 897	0.745 387	0.378 229	0.267 528	0.160 517	0.186 347	0.071 956	0.289 668
医药制造业	0.431 818	0.250 000	0.253 247	0.707 792	0.529 221	0.711 039	0.272 727	0.675 325
化学纤维制造业	0.318 182	1	0.355 114	0.232 955	0.034 091	0.142 045	0	0.133 523
橡胶和塑料制品业	0.557 432	0.400 338	0.712 838	0.266 892	0.172 297	0.309 122	0.111 486	0.206 081
非金属矿物制造业	0.310 127	0.180 380	0.227 848	0.750 000	0.651 899	0.781 646	0.354 430	0.715 190
黑色金属冶炼和压延加工业	0.465 753	0.164 384	0.205 479	0.575 342	0.712 329	0.684 932	0.465 753	0.726 027

续表

产业名称	北部沿海综合经济区	东部沿海综合经济区	南部沿海综合经济区	长江中游综合经济区	黄河中游综合经济区	大西南综合经济区	大西北综合经济区	东北综合经济区
有色金属冶炼和压延加工业	0.265 367	0.140 930	0.223 388	0.718 141	0.722 639	0.655 172	0.539 730	0.602 699
金属制品业	0.493 188	0.611 717	0.622 616	0.326 975	0.155 313	0.303 815	0.089 918	0.230 245
通用设备制造业	0.600 583	0.555 394	0.272 595	0.437 318	0.365 889	0.373 178	0.177 843	0.569 971
专用设备制造业	0.493 333	0.360 000	0.226 667	0.640 000	0.573 333	0.546 667	0.293 333	0.666 667
交通运输设备制造业	0.310 897	0.375 000	0.298 077	0.708 333	0.455 128	0.695 513	0.227 564	0.599 359
电器机械和器材制造业	0.264 128	0.539 312	0.604 423	0.573 710	0.201 474	0.464 373	0.111 794	0.262 899
计算机、通信和其他电子设备制造业	0.244 873	0.490 953	0.626 055	0.462 002	0.215 923	0.575 392	0.142 340	0.258 142
仪器仪表制造业	0.318 182	1	0.355 114	0.232 955	0.034 091	0.142 045	0	0.133 523
工艺品及其他制造业	0.246 006	0.424 920	0.520 767	0.626 198	0.313 099	0.642 173	0.172 524	0.376 997
废弃资源综合利用业	0.198 404	0.281 642	0.568 985	0.673 888	0.332 953	0.721 779	0.207 526	0.367 161
热力电力生产及供应业	0.320 000	0.173 333	0.360 000	0.560 000	0.640 000	0.706 667	0.440 000	0.613 333
煤气生产和供应业	0.251 799	0.176 259	0.453 237	0.521 583	0.586 331	0.705 036	0.442 446	0.478 417
水的生产和供应业	0.199 391	0.266 362	0.721 461	0.458 143	0.254 186	0.680 365	0.179 604	0.254 186

附表 12　2016 年全国八大地区各产业密度

产业名称	北部沿海综合经济区	东部沿海综合经济区	南部沿海综合经济区	长江中游综合经济区	黄河中游综合经济区	大西南综合经济区	大西北综合经济区	东北综合经济区
煤炭开采与洗选业	0.373 402	0	0.355 499	0.548 593	0.764 706	0.910 486	0.593 350	0.494 885
石油和天然气开采业	0.567 134	0.036 072	0.326 653	0.517 034	0.699 399	0.819 639	0.591 182	0.639 279
黑色金属矿采选业	0.567 134	0.036 072	0.326 653	0.517 034	0.699 399	0.819 639	0.591 182	0.639 279
有色金属矿采选业	0.429 104	0.044 776	0.395 522	0.649 254	0.675 373	0.843 284	0.518 657	0.574 627
非金属矿采选业	0.334 673	0.055 276	0.477 387	0.776 884	0.604 020	0.809 045	0.334 673	0.366 834

续表

产业名称	北部沿海综合经济区	东部沿海综合经济区	南部沿海综合经济区	长江中游综合经济区	黄河中游综合经济区	大西南综合经济区	大西北综合经济区	东北综合经济区
农副食品加工业	0.606 395	0.049 614	0.341 786	0.515 987	0.596 472	0.785 006	0.570 011	0.619 625
食品制造业	0.334 673	0.055 276	0.477 387	0.776 884	0.604 020	0.809 045	0.334 673	0.366 834
饮料制造业	0.429 104	0.044 776	0.395 522	0.649 254	0.675 373	0.843 284	0.518 657	0.574 627
烟草制品业	0.300 926	0.125 000	0.687 037	0.804 630	0.387 963	0.708 333	0.217 593	0.268 519
纺织业	0.829 703	0.089 109	0.261 386	0.392 079	0.451 485	0.495 050	0.590 099	0.455 446
纺织服装，鞋帽制造业	0.304 502	0.296 209	0.767 773	0.810 427	0.242 891	0.490 521	0.104 265	0.182 464
皮革、毛皮、羽毛及其制品业	0.306 717	0.196 451	0.783 270	0.835 234	0.259 823	0.524 715	0.111 534	0.176 172
木材加工和木、竹、藤、草制品业	0.379 000	0.075 000	0.544 000	0.612 000	0.619 000	0.820 000	0.421 000	0.505 000
家具制造业	0.328 982	0.091 384	0.595 300	0.741 514	0.537 859	0.765 013	0.313 316	0.360 313
造纸和纸制品业	0.455 959	0.116 580	0.593 264	0.730 570	0.411 917	0.676 166	0.277 202	0.352 332
印刷和记录媒介复制业	0.300 926	0.125 000	0.687 037	0.804 630	0.387 963	0.708 333	0.217 593	0.268 519
文教、体育用品制造业	0.593 886	0.211 063	0.682 678	0.569 141	0.232 897	0.403 202	0.208 151	0.243 086
石油加工、炼焦和核燃料加工业	0.652 439	0.054 878	0.271 951	0.464 634	0.696 341	0.725 610	0.615 854	0.652 439
化学原料和化学制品制造业	0.631 868	0.137 363	0.465 659	0.771 978	0.317 308	0.471 154	0.215 659	0.285 714
医药制造业	0.517 857	0.064 286	0.400 000	0.664 286	0.614 286	0.775 000	0.432 143	0.550 000
化学纤维制造业	0.269 750	0.472 062	0.913 295	0.576 108	0.129 094	0.335 260	0.071 291	0.123 314
橡胶和塑料制品业	0.494 012	0.169 661	0.651 697	0.764 471	0.297 405	0.515 968	0.183 633	0.256 487
非金属矿物制造业	0.381 119	0.083 916	0.538 462	0.702 797	0.580 420	0.790 210	0.381 119	0.486 014
黑色金属冶炼和压延加工业	0.567 134	0.036 072	0.326 653	0.517 034	0.699 399	0.819 639	0.591 182	0.639 279
有色金属冶炼和压延加工业	0.381 089	0.042 980	0.426 934	0.681 948	0.650 430	0.828 080	0.472 779	0.455 587
金属制品业	0.494 012	0.169 661	0.651 697	0.764 471	0.297 405	0.515 968	0.183 633	0.256 487

续表

产业名称	北部沿海综合经济区	东部沿海综合经济区	南部沿海综合经济区	长江中游综合经济区	黄河中游综合经济区	大西南综合经济区	大西北综合经济区	东北综合经济区
通用设备制造业	0.599 523	0.214 541	0.438 617	0.693 683	0.399 285	0.553 039	0.302 741	0.481 526
专用设备制造业	0.548 528	0.098 146	0.420 938	0.730 643	0.523 446	0.607 415	0.307 525	0.362 050
交通运输设备制造业	0.540 845	0.084 507	0.433 803	0.701 408	0.501 408	0.732 394	0.371 831	0.507 042
电器机械和器材制造业	0.304 502	0.296 209	0.767 773	0.810 427	0.242 891	0.490 521	0.104 265	0.182 464
计算机、通信和其他电子设备制造业	0.269 750	0.472 062	0.913 295	0.576 108	0.129 094	0.335 260	0.071 291	0.123 314
仪器仪表制造业	0.781 659	0.414 847	0.425 764	0.441 048	0.203 057	0.224 891	0.231 441	0.290 393
工艺品及其他制造业	0.300 926	0.125 000	0.687 037	0.804 630	0.387 963	0.708 333	0.217 593	0.268 519
废弃资源综合利用业	0.300 926	0.125 000	0.687 037	0.804 630	0.387 963	0.708 333	0.217 593	0.268 519
热力电力生产及供应业	0.514 563	0.067 961	0.456 311	0.543 689	0.621 359	0.776 699	0.514 563	0.563 107
煤气生产和供应业	0.355 197	0.060 545	0.536 831	0.578 204	0.630 676	0.818 365	0.485 368	0.439 960
水的生产和供应业	0.397 810	0.087 591	0.540 146	0.678 832	0.529 197	0.781 022	0.430 657	0.496 350

附表 13　2017 年全国八大地区各产业密度

产业名称	北部沿海综合经济区	东部沿海综合经济区	南部沿海综合经济区	长江中游综合经济区	黄河中游综合经济区	大西南综合经济区	大西北综合经济区	东北综合经济区
煤炭开采与洗选业	0.336 399	0.091 984	0.215 506	0.448 095	0.743 758	0.796 321	0.574 244	0.367 937
石油和天然气开采	0.465 195	0.084 890	0.117 148	0.329 372	0.804 754	0.651 952	0.721 562	0.560 272
黑色金属矿采选业	0.549 296	0.169 014	0.239 437	0.380 282	0.661 972	0.690 141	0.577 465	0.492 958
有色金属矿采选业	0.468 354	0.227 848	0.303 797	0.531 646	0.607 595	0.670 886	0.468 354	0.354 43
非金属矿采选业	0.229 471	0.196 850	0.358 830	0.715 411	0.617 548	0.780 652	0.303 712	0.262 092
农副食品加工业	0.574 074	0.203 704	0.266 667	0.359 259	0.555 556	0.666 667	0.566 667	0.511 111
食品制造业	0.229 471	0.196 850	0.358 830	0.715 411	0.617 548	0.780 652	0.303 712	0.262 092
饮料制造业	0.229 471	0.196 850	0.358 830	0.715 411	0.617 548	0.780 652	0.303 712	0.262 092

续表

产业名称	北部沿海	东部沿海	南部沿海	长江中游	黄河中游	大西南	大西北	东北
烟草制品业	0.225 664	0.353 982	0.706 490	0.548 673	0.306 785	0.682 891	0.175 516	0.185 841
纺织业	0.819 149	0.340 426	0.217 021	0.178 723	0.468 085	0.361 702	0.687 234	0.374 468
纺织服装，鞋帽制造业	0.296 537	0.654 762	0.738 095	0.667 749	0.177 489	0.377 706	0.067 100	0.094 156
皮革、毛皮、羽毛及其制品业	0.296 537	0.654 762	0.738 095	0.667 749	0.177 489	0.377 706	0.067 100	0.094 156
木材加工和木、竹、藤、草制品业	0.486 842	0.276 316	0.434 211	0.447 368	0.526 316	0.644 737	0.394 737	0.407 895
家具制造业	0.296 537	0.654 762	0.738 095	0.667 749	0.177 489	0.377 706	0.067 100	0.094 156
造纸和纸制品业	0.468 750	0.609 375	0.634 375	0.587 500	0.234 375	0.375 000	0.162 500	0.178 125
印刷和记录媒介复制业	0.212 077	0.486 009	0.776 141	0.754 050	0.219 440	0.477 172	0.061 856	0.106 038
文教、体育用品制造业	0.545 991	0.719 340	0.706 368	0.415 094	0.145 047	0.262 972	0.169 811	0.148 585
石油加工、炼焦和核燃料加工业	0.640 000	0.200 000	0.188 000	0.308 000	0.680 000	0.560 000	0.652 000	0.532 000
化学原料和化学制品制造业	0.668 966	0.600 000	0.409 655	0.288 276	0.324 138	0.282 759	0.445 517	0.263 448
医药制造业	0.468 439	0.282 392	0.372 093	0.588 040	0.468 439	0.667 774	0.345 515	0.411 960
化学纤维制造业	0.342 900	0.785 498	0.833 837	0.460 725	0.063 444	0.252 266	0.052 870	0.063 444
橡胶和塑料制品业	0.545 991	0.719 340	0.706 368	0.415 094	0.145 047	0.262 972	0.169 811	0.148 585
非金属矿物制造业	0.229 471	0.196 850	0.358 830	0.715 411	0.617 548	0.780 652	0.303 712	0.262 092
黑色金属冶炼和压延加工业	0.640 000	0.200 000	0.188 000	0.308 000	0.680 000	0.560 000	0.652 000	0.532 000
有色金属冶炼和压延加工业	0.324 759	0.176 849	0.299 035	0.598 071	0.646 302	0.742 765	0.459 807	0.337 621
金属制品业	0.545 991	0.719 340	0.706 368	0.415 094	0.145 047	0.262 972	0.169 811	0.148 585
通用设备制造业	0.698 795	0.783 133	0.502 582	0.313 253	0.165 232	0.173 838	0.239 243	0.170 396
专用设备制造业	0.496 753	0.487 013	0.415 584	0.574 675	0.448 052	0.448 052	0.292 208	0.246 753
交通运输设备制造业	0.342 105	0.411 184	0.453 947	0.634 868	0.391 447	0.621 711	0.250 000	0.332 237

续表

产业名称	北部沿海	东部沿海	南部沿海	长江中游	黄河中游	大西南	大西北	东北
电器机械和器材制造业	0.296 537	0.654 762	0.738 095	0.667 749	0.177 489	0.377 706	0.067 100	0.094 156
计算机、通信和其他电子设备制造业	0.306 609	0.557 963	0.686 891	0.527 627	0.241 603	0.517 876	0.150 596	0.152 763
仪器仪表制造业	0.405 797	1	0.594 203	0.362 319	0.043 478	0.101 449	0.057 971	0.043 478
工艺品及其他制造业	0.218 750	0.369 792	0.634 375	0.712 500	0.343 750	0.661 458	0.152 083	0.178 125
废弃资源综合利用业	0.218 750	0.369 792	0.634 375	0.712 500	0.343 750	0.661 458	0.152 083	0.178 125
热力电力生产及供应业	0.407 407	0.092 593	0.211 111	0.414 815	0.722 222	0.777 778	0.603 704	0.511 111
煤气生产和供应业	0.346 405	0.228 758	0.431 373	0.464 052	0.575 163	0.689 542	0.454 248	0.323 529
水的生产和供应业	0.297 125	0.319 489	0.549 521	0.648 562	0.392 971	0.680 511	0.242 812	0.335 463